Heft 5

Entscheidungen des
Obersten Gerichtshofes für die Britische Zone
Herausgegeben von den
Mitgliedern des Gerichtshofes und der Staatsanwaltschaft

Entscheidungen des
Obersten Gerichtshofes
für die Britische Zone
in
Zivilsachen

3. Band

Berlin 1950

Walter de Gruyter & Co.
vormals G. J. Göschensche Verlagshandlung - J. Guttentag, Verlagsbuchhandlung
Georg Reimer - Karl J. Trübner - Veit & Comp.

Inhalt

Entscheidungen des

Obersten Gerichtshofes

für die Britische Zone

Herausgegeben von den
Mitgliedern des Gerichtshofes und der Staatsanwaltschaft
beim Obersten Gerichtshof

Entscheidungen in Zivilsachen

3. Band

Berlin 1950

Walter de Gruyter & Co.

**vormals G. J. Göschensche Verlagshandlung - J. Guttentag, Verlagsbuchhandlung
Georg Reimer - Karl J. Trübner - Veit & Comp.**

Entscheidungen des

Obersten Gerichtshofes

für die Britische Zone

in Zivilsachen

3. Band

Berlin 1950

Walter de Gruyter & Co.

vormals G. J. Göschensche Verlagshandlung - J. Guttentag, Verlagsbuchhandlung
Georg Reimer - Karl J. Trübner - Veit & Comp.

Druck: W. Girardet, Wuppertal

Inhalt

b) Einzelne Schuldverhältnisse

α) Verträge und vertragsähnliche Verhältnisse

4. Familienrecht

a) Ehe

b) Verwandtschaft. Vormundschaft

5. Erbrecht

7. Landwirtschaftsrecht

III. Gerichtliches Verfahren

1. Rechtsweg

2. Streitiges Verfahren

a) In erster Instanz

b) In zweiter und dritter Instanz

IV. Öffentliches Recht

V. Währungsreform

Berichtigungen

Band 2

S. 363 Z. 15 hinter „1945" einzufügen: „nicht"
S. 413 rechts Z. 12 v. u. lies „Verordnung Nr. 84" statt „Nr. 184"

Band 3

S. 16 Z. 21 lies „BGB." statt „HGB."
S. 30 Leitsatz Z. 5 lies „gegeben" statt „geben"
S. 80 Nr. 11 Z.. 9 lies „Amtsgericht" statt „Amstgericht"
S. 114 Z. 16 lies „1941 S. 787" statt „1943"
S. 128 Leitsatz Z. 1 lies „§ 48" statt „§ 43"
S. 137 Z. 12 lies „Amtsbl. S. 1152" statt „1149"
S. 141 letzte Zeile (Anm.) lies „S. 131" statt „S. 31"
S. 196 Z. 22 lies „13. März" statt „30. März"
S. 253 Z. 16 lies „hingen" statt „gingen"
S. 258 Z. 20 lies „Der Revision" statt „Die Revision"
S. 275 Z. 15 streiche „HGB. §§ 352, 353"
S. 305 Z. 12 v. u. lies „14. Juni 1948" statt „14. Juli 1948"
S. 307 Z. 12 lies „Verbindung mit der der Klägerin" statt „Verbindung mit der Klägerin"

dürfte in dem Bestreben zu erblicken sein, Beweisschwierigkeiten hinsichtlich des Nachweises des Schädigungsvorsatzes zu vermeiden, wobei besonders an diejenigen Fälle zu denken sein wird, in denen die Ware ihre schädliche Wirkung erst in der Hand von weiteren Abnehmern äußert, in bezug auf die eine vorsätzliche Schädigung in der Regel schwer nachweisbar sein wird. Dem Sinn und Zweck der Bestimmung kann daher nur eine Auslegung gerecht werden, die es auf die Kenntnis des Versicherungsnehmers davon abstellt, daß die Ware bei üblichem oder bestimmungsmäßigem Verbrauch (oder Gebrauch) auch unter gewöhnlichen Umständen, nicht nur beim Zusammentreffen besonderer Umstände, eine schädigende Wirkung haben kann. Dagegen kann es nicht darauf ankommen, ob der Versicherungsnehmer mit dem Zusammentreffen besonderer Umstände, die zur Schädigung führten, rechnen mußte. „Kenntnis" verlangt positives Wissen, ein „wissen müssen" reicht nicht aus.

2. Das Berufungsgericht stellt fest, der Kläger habe gewußt, daß W. infolge des Genusses seines Getränkes an den Augen erkrankt sei, daß also sein Getränk eine das Augenlicht gefährdende Wirkung habe. Damit habe er dessen Gefährlichkeit erkannt. Ohne Bedeutung sei es, daß W. wahrscheinlich infolge seiner angegriffenen körperlichen Verfassung — er war erst kürzlich aus russischer Kriegsgefangenschaft zurückgekehrt — besonders anfällig gewesen sei. Denn jedenfalls habe der Kläger gewußt, daß durch den Genuß seines Getränkes gesundheitsschädliche Folgen eingetreten seien, die sich bei ähnlichen Voraussetzungen jederzeit bei einem anderen Konsumenten hätten wiederholen können. Das Berufungsgericht folgert hiernach die Kenntnis des Klägers von der Schädlichkeit seines Getränkes im wesentlichen daraus, daß er dessen gesundheitsgefährliche Wirkung gekannt habe. Das allein kann aber nach dem oben Gesagten nicht genügen, weil nicht feststeht, ob das Wissen von der Gefährlichkeit auch den Fall des Genusses durch den durchschnittlichen Verbraucher einbegreift. Trifft es nämlich zu, daß nach Kenntnis des Klägers sein Getränk im allgemeinen keine gesundheitsschädlichen Wirkungen erzeugt hat, so kann für die

Kenntnis der Schädlichkeit nicht das Wissen des Klägers genügen, daß ähnliche Voraussetzungen, wie sie bei dem körperlich besonders anfälligen W. vorlagen, sich jederzeit bei anderen Konsumenten wiederholen könnten. Die Kenntnis von der Schädlichkeit verlangt vielmehr das positive Wissen, daß das Getränk auch unter normalen Umständen gesundheitsschädigende Wirkungen auszuüben pflegt. Hiernach bestehen zum mindesten begründete Zweifel, ob nicht die Beurteilung des Sachverhalts, die zu der Feststellung des Berufungsgerichts über die „Kenntnis" des Klägers geführt hat, von einer rechtsirrtümlichen Auffassung des Begriffs der „Schädlichkeit" der Ware beeinflußt ist.

---

58. 1. Bei der Entscheidung über vermögensrechtliche Ansprüche von Beamten gegen ihren Dienstherrn sind die ordentlichen Gerichte befugt, öffentlich-rechtliche Verwaltungsakte auf Gültigkeit und Rechtsmäßigkeit nachzuprüfen, soweit nicht eine Bindung ausdrücklich, z. B. im § 146 DBG., vorgeschrieben ist.

2. Die im Jahre 1946 erfolgte Übernahme eines aus einem östlichen OLG-Bezirk stammenden Assessors (K) in den Vorbereitungsdienst eines westlichen OLG-Bezirks stellt keine Neuernennung des Assessors (K) dar und war daher auch ohne erneute Berufung des Assessors (K) in das Beamtenverhältnis zulässig.

3. Mit der Bildung des Landes Niedersachsen und dem Übergang der Justizverwaltung auf das Niedersächsische Landesjustizministerium sind auch die aus fremden OLG-Bezirken in den Vorbereitungsdienst von OLG-Bezirken des späteren Landes Niedersachsen übernommenen Beamten Landesbeamte geworden.

4. Zur Rechtsgültigkeit des „Widerrufes" eines Widerrufs der Übernahme in das außerplanmäßige Beamtenverhältnis.

5. Es bedeutet keinen Verstoß gegen § 26 Abs. 1 Ziff. 2 DBG., wenn die während des Krieges auf Grund der AV. des RJM. vom 15. Februar 1943 — DJ. S. 125 — erfolgte Ernennung eines Gerichtsreferendars zum außerplanmäßigen Beamten mit der Dienstbezeichnung „Assessor", die im Jahre 1946 zufolge einer unrichtig ausgelegten Anordnung der Mil.-Reg. widerrufen worden ist, später

durch einen „Widerruf" dieses Widerrufes wiederhergestellt wird.

DBG. §§ 26 Abs. 1 Ziff. 2, 27, 32, 61, 146; Allgem. Anweisung der Mil.-Reg. vom September 1945 an OLG-Präs.; Beamtenrechts-Änder.Ges. v. 30. Juni 1933 (RGBl. I 433) Kap. V.; AV. des RJM. v. 15. Februar 1943 (DJ. 125).

II. Zivilsenat. Urt. v. 3. März 1950 i. S. Land Niedersachsen (Bekl.) w. Referendarverband im Oberlandesgerichtsbezirk O. (Kl.). II ZS 151/49.

I. Landgericht Oldenburg.
II. Oberlandesgericht Oldenburg.

Die im Oberlandesgerichtsbezirk O. im juristischen Vorbereitungsdienst stehenden „Assessoren (K)" K., V. und Dr. G. haben Diätenansprüche, die ihnen angeblich gegen das beklagte Land zustehen, an den klagenden Referendarverband, dessen Mitglieder sie sind, abgetreten. Zur Entscheidung stehen im gegenwärtigen Prozeßabschnitt nur die Ansprüche des V., über die durch das angefochtene Teilurteil des Oberlandesgerichts entschieden worden ist. Für diesen sind vom Kläger mit der Klage 50 DM Rückstand aus dem Monat Juli 1948 geltend gemacht worden.

V., der sich früher im Oberlandesgerichtsbezirk B. (jenseits der „Oder-Neiße Linie") befand, wurde durch Verfügung des Oberlandesgerichtspräsidenten in B. vom 8. Dezember 1939 in den Vorbereitungsdienst für die Laufbahn des Richters und Staatsanwalts eingestellt und unter Berufung in das Beamtenverhältnis zum Gerichtsreferendar ernannt. Als Soldat während des Krieges wurde er durch Verfügung des Reichsjustizministers vom 20. Juli 1943 auf Grund des Runderlasses des RMdI. und des RMdF. vom 22. Dezember 1942 und der DfBest. hierzu (AV. d. RJM. vom 15. Februar 1943 DJ. 1943 S. 125) unter widerruflicher Übernahme in das Beamtenverhältnis mit Wirkung vom 20. Juli 1943 zum außerplanmäßigen Beamten mit der Dienstbezeichnung „Assessor" ernannt. Die Verfügung enthält u. a. den Hinweis, daß der noch erforderliche Vorbereitungsdienst und die große Staatsprüfung im außerplanmäßigen Dienstverhältnis nachzuholen seien. In der Folgezeit bezog V. Diäten nach der Besoldungsgruppe A 2 c 2 als außerplanmäßiger Beamter auf Grund des RdErl. des RMdF. vom 12. Juli 1941 (Reichsbesoldungsblatt 1941 S. 180). Nach seiner Entlassung aus der Kriegsgefangenschaft bewarb er sich beim Oberlandesgerichtspräsidenten in O. um Aufnahme in den Vorbereitungsdienst. Diesem Gesuch wurde durch eine an „Herrn Assessor-K Herbert V." gerichtete Verfügung des Oberlandesgerichtspräsidenten vom 13. April 1946 stattgegeben. Durch weitere Verfügung des Oberlandesgerichtspräsidenten vom 17. Mai 1946 wurde ihm mitgeteilt, daß er vom 26. April 1946 ab Diäten der Besoldungsgruppe A 2 c 2 erhalten solle. Die Diätenzahlungen wurden auch von der Oberjustizkasse in O. aufgenommen.

Dem Oberlandesgerichtpräsidenten in O. wurde nunmehr eine Anordnung Nr. 67 der Militärregierung in H. vom 18. Juni 1946 bekannt, die „an den Oberpräsidenten der Provinz H." gerichtet war. Aus ihr entnahmen die deutschen Behörden ein allgemeines Verbot des Inhalts, daß ehemalige Mitglieder der Wehrmacht auf Grund ihres Wehrmachtdienstes keine Vorzugstellung gegenüber anderen Beamten genießen dürften. Deshalb erging unter dem 26. September 1946 folgende Verfügung des Oberlandesgerichtspräsidenten an V.:

„Auf Anordnung der Militärregierung H. vom 18. Juni 1946 (Anweisung Nr. 67) . . . widerrufe ich hiermit Ihre Ernennung zum außerplanmäßigen Beamten mit Ablauf des 30. September 1946. Vom 1. Oktober 1946 ab sind Sie Beamter auf Widerruf im Vorbereitungsdienst. Sie haben die Dienstbezeichnung Gerichtsreferendar zu führen.

Die Zahlung Ihrer Diäten wird mit Ablauf des 30. September 1946 eingestellt. Vom 1. Oktober 1946 ab erhalten Sie einen widerruflichen Unterhaltszuschuß in Höhe von 200 RM.

Überhobene Diäten werden mit dem Unterhaltszuschuß verrechnet . . ."

Die Zahlung von Diäten wurde eingestellt.

Nachdem das Land N. gebildet und auf Grund der Verordnung der Militärregierung Nr. 67 betr. Übertragung von Befugnissen auf die Justizministerien der Länder in der britischen Zone das Justizministerium die Justizverwaltung übernommen hatte, wurde durch Verfügung des Ministers der Justiz vom 8. Juli 1947 dem Oberlandesgerichtspräsidenten in O. Kenntnis von nachstehendem Erlaß des Ministerpräsidenten — Staatskanzlei — vom 20. Mai 1947 gegeben:

„Auf Grund von mir erhobener Vorstellungen hat die Militärregierung — Britische Kontrollkommission — in der vorbezeichneten Angelegenheit nunmehr eine Entscheidung getroffen. Danach ist die Anweisung der Militärregierung Nr. 67 dahingehend auszulegen, daß das in dieser Vorschrift enthaltene Verbot der Gewährung von Vergünstigungen für geleisteten Wehrmachtsdienst nur für die nach dem Zeitpunkt der Besetzung ausgesprochenen oder beabsichtigten Ernennungen und Beförderungen gelten soll. Der Erlaß P. Nr. 2284 vom 13. Juli 1946 wird daher insoweit abgeändert; eine berichtigte Übersetzung der Anweisung Nr. 67 ist als Anlage beigefügt. Der Widerruf von Ernennungen und Beförderungen, die vor dem Zeitpunkt der Besetzung erfolgt sind, findet nicht statt, soweit auf Grund des Bezugserlasses ein Widerruf bereits ausgesprochen ist, ist er rückgängig zu machen.

Es wird jedoch ausdrücklich darauf hingewiesen, daß der von den betroffenen Beamten infolge ihres Wehrmachtsdienstes nicht abgeleistete Vorbereitungsdienst und die noch nicht abgelegten Prüfungen in jedem Falle nachgeholt werden müssen."

Nunmehr erging unter dem 9. Dezember 1947 folgende Verfügung des Oberlandesgerichtspräsidenten in O. an V.:

„Nachdem die Militärregierung — Britische Kontrollkommission — ihre Anweisung Nr. 67 dahingehend auslegt, daß das Verbot der Gewährung von Vergünstigungen für geleisteten Wehrmachtdienst nur für die nach dem Zeitpunkt der Besetzung ausgesprochenen Maßnahmen gelten soll, widerrufe ich auf Grund des RdErl. des Herrn Ministers der Justiz vom 8. Juli 1947 — 2000 — I. 2292/47 und des Herrn Ministerpräsidenten — Staatskanzlei — vom 20. Mai 1947 — P. Nr. 2990 — meine Verfügung vom 26. September 1946.

Damit sind Sie auch über den 30. September 1946 hinaus außerplanmäßiger Beamter auf Widerruf geblieben. Sie führen nunmehr wieder die Bezeichnung „Assessor (K)". Ihr endgültiges Verbleiben in der Justizverwaltung ist, da die Zulassung zum Vorbereitungsdienst nicht auf eine bestimmte Zahl von Anwärtern beschränkt war, abgesehen von dem Bestehen der Prüfung auch davon abhängig, ob der Bedarf der Justizverwaltung die dauernde Verwendung rechtfertigt. Hierüber wird später entschieden werden. Sofern Sie nach allgemeinen Grundsätzen aus dem Justizdienst ausscheiden, verlieren Sie die Dienstbezeichnung und die Bezüge. Der noch erforderliche Vorbereitungsdienst und die große Staatsprüfung sind im außerplanmäßigen Dienstverhältnis nachzuholen.

Als Ihre Stammbehörde — Nr. 14 Abs. 2 DVFg. z. d. NK.Best. — bestimme ich das Amtsgericht in O. Wegen der Zahlung der Diäten wird das Weitere veranlaßt. Der gezahlte Unterhaltszuschuß wird mit den rückständigen Diäten verrechnet."

Die Zahlung von Diäten wurde aber nicht wieder aufgenommen. Durch Schreiben vom 22. November 1948 teilte der Minister der Justiz dem Prozeßbevollmächtigten des Klägers mit, daß ein Rechtsanspruch bezirksfremder Assessoren (K) auf Zahlung von Diäten nicht anerkannt werden könne.

Unter dem 24. November 1948 teilte schließlich der Oberlandesgerichtspräsident in O. in einer an „Herrn Assessor (K) Herbert V." gerichteten Verfügung mit, daß seine Übernahme in das außerplanmäßige Beamtenverhältnis widerrufen werde, V. aber weiter als Beamter auf Widerruf im Vorbereitungsdienst für die Laufbahn des Richters und des Staatsanwalts verbleiben und die Amtsbezeichnung „Assessor" weiterführen dürfe.

Der Kläger ist der Auffassung, daß V. auf Grund dieses Sachverhalts jedenfalls im Juli 1948 außerplanmäßiger Beamter des Landes gewesen sei und ihm deshalb für diesen Monat Diätenansprüche zuständen. Das beklagte Land ist gegenteiliger Meinung. Landgericht und Oberlandesgericht haben das Land verurteilt. Die Revision wurde zurückgewiesen.

Aus den Gründen:

I. Eine Aussetzung des Rechtsstreits auf Grund des Art. 131 des Grundgesetzes könnte — von den sonstigen Voraussetzungen dieser Vorschrift abgesehen —, nur in Frage kommen, wenn V. nicht wieder entsprechend seiner bisherigen Dienststellung verwendet worden wäre, wobei es nur auf denjenigen Zeitraum ankommt, für den Rechtsansprüche geltend gemacht werden, also den Monat Juli 1948. Die Frage, ob eine solche Wiederverwendung des V. stattgefunden hat, fällt aber im wesentlichen mit der sachlich-rechtlichen Frage der Berechtigung des Klageanspruchs zusammen. Denn von einer Wiederverwendung des V., die seiner bisherigen Dienststellung entspricht, kann nur gesprochen werden, wenn ihm seine frühere Dienststellung als außerplanmäßiger Beamter mit der Dienstbezeichnung Assessor (K) für den zur Entscheidung stehenden Zeitraum erhalten geblieben ist. Da diese Frage, wie die weiteren Ausführungen ergeben werden, zu bejahen ist, entfällt die Anwendbarkeit des Art. 131 des Grundgesetzes schon aus diesem Grunde, ohne daß es noch darauf ankommt, ob die sonstigen Voraussetzungen dieser Vorschrift erfüllt oder etwa die im Schrifttum gegen ihre Rechtsgültigkeit geltend gemachten Bedenken gerechtfertigt sind.

II. Das Berufungsgericht hat in der Sache selbst den Klageanspruch für begründet erachtet, da V. im Juli 1948 außerplanmäßiger Beamter (Assessor) des Landes gewesen sei. Er habe, so führt das Berufungsgericht aus, die Eigenschaft als außerplanmäßiger Reichsbeamter durch die Verfügung des Reichsjustizministers vom 20. Juli 1943 erhalten und sei in der gleichen Rechtsstellung durch die Verfügung des Oberlandesgerichtspräsidenten in O. vom 13. April 1946 in den Vorbereitungsdienst dieses Oberlandesgerichtsbezirks übernommen worden. Mit der Bildung des Landes sei er auf Grund der Vorschriften in Kap. V des Beamtenrechtsänderungsgesetzes vom 30. Juni 1933 (Reichsgesetzblatt I S. 433) ebenso wie die anderen ehemaligen Reichsbeamten, die der Dienstaufsicht des Oberlandesgerichtspräsidenten in O. unterstanden hätten, Beamter des Landes geworden. Denn durch den Widerruf vom 26. September 1946 sei lediglich die Ernennung des V. zum außerplanmäßigen Beamten widerrufen worden, dagegen nicht seine allgemeine Beamteneigenschaft. Die weitere Verfügung des Oberlandesgerichtspräsidenten vom 26. September 1947, durch welche der Widerruf vom 26. September 1946 rückgängig gemacht worden sei, bedeute die erneute Ernennung des V. zum außerplanmäßigen Beamten des Landes im Vorbereitungsdienst. Diese Verfügung sei ergangen, nachdem die Aufgaben des früheren Reichsjustizministers bereits auf das Landesjustizministerium des Landes übergegangen seien, und beruhe auf der Anordnung des Ministerpräsidenten vom 20. Mai 1947. Diese Ernennung sei ungeachtet des Umstandes, daß V. die große Staatsprüfung noch nicht abgelegt habe, zulässig gewesen, denn sie habe ersichtlich den Sinn gehabt, die Rechte des Assessors (K) V., die diesem durch die Anwendung der Anweisung Nr. 67 der Militärregierung möglicherweise genommen worden seien, auf jeden Fall wiederherzustellen. Diese Rechte seien zwar auf eine Kriegsmaßnahme, nämlich die AV. des Reichsjustizministers vom 15. Februar 1943 (DJ. S. 125) zurückzuführen, doch beständen keine Bedenken gegen ihre Anwendbarkeit. Denn ihr Grundgedanke sei, zu vermeiden, daß Beamte im Vorbereitungsdienst durch ihre Kriegsteilnahme benachteiligt würden. Die Möglichkeit einer solchen Benachteiligung bestehe aber weiter und wirke sich jetzt nach dem Kriege besonders aus.

III. Der Auffassung des Berufungsgerichts ist im wesentlichen zuzustimmen. Bei der Entscheidung über vermögensrechtliche Ansprüche von Beamten gegen ihren Dienstherrn, für die die ordentlichen Gerichte kraft Zuweisung zuständig sind, unterliegen alle tatsächlichen und rechtlichen Voraussetzungen des Klageanspruchs der gerichtlichen Nachprüfung. Dabei erstreckt sich die Prüfung, soweit es sich um die Beurteilung von Verwaltungsakten handelt, sowohl auf die Frage ihrer Gültigkeit (Rechtswirksamkeit), als auch auf diejenige ihrer Rechtsmäßigkeit. Eine Ausnahme gilt nur, soweit eine Bindung an Verwaltungsakte, wie z. B. in gewissem Umfange in § 146 DBG., ausdrücklich vorgeschrieben ist (RGZ. Bd. 154 S. 193 [197 f.], 209; Bachof SJZ. 1949 S. 388 f.; Ule DRZ. 10. Beiheft S. 6). Der Einwand der Revision, der Oberlandesgerichtspräsident in O. sei überhaupt nicht befugt gewesen, den aus dem Oberlandesgerichtsbezirk B. stammenden Assessor (K) V. mit der Wirkung in den O'er Bezirk zu übernehmen, daß er weiterhin außerplanmäßiger Reichsbeamter sei, bedarf daher der Nachprüfung. Die Revision meint, die Übernahme eines Reichsjustizbeamten aus einem fremden Bezirk komme in

Wirklichkeit einer Neuernennung zum Beamten im Vorbereitungsdienst gleich und habe daher nicht ohne erneute Berufung des V. in das Beamtenverhältnis erfolgen können. Dem kann nicht zugestimmt werden. Bis zur Bildung des Landes übten die Oberlandesgerichtspräsidenten in ihren Bezirken in gewissem Umfange die Befugnisse des früheren Reichsjustizministers aus, die ihnen durch die Allgemeine Anweisung der Militärregierung vom September 1945 übertragen worden waren. Durch Ziff. 4 der Allgemeinen Anweisung waren die Oberlandesgerichtspräsidenten insbesondere ermächtigt worden, Bestimmungen für die Ausbildung von Referendaren und Assessoren herauszugeben, und in Ziff. 10 war bestimmt, daß Ernennungen und Zulassungen für den Justiz- und Anwaltsberuf so gelenkt werden sollen, daß sie nicht die für die Erledigung der Rechtsangelegenheiten notwendige Anzahl übersteigen. Damit war klargestellt, daß zu den auf die Oberlandesgerichtspräsidenten übergegangenen Befugnissen des früheren Reichsjustizministers allgemein die Einstellung von Justizbeamten gehörte, für deren Handhabung lediglich eine Richtlinie gegeben wurde. Mit der Übernahme des Assessors (K) V. in den Vorbereitungsdienst des Bezirkes O. hielt sich also der Oberlandesgerichtspräsident im Rahmen der ihm übertragenen Befugnisse. Fragen der Ermessensüberschreitung stehen nicht zur Erörterung. Da V., wie auch die Revision nicht bestreitet, durch die Kapitulation seine Eigenschaft als außerplanmäßiger Reichsbeamter nicht verloren hatte, bedurfte es für seine Übernahme nach O. auch keiner erneuten Berufung in das Beamtenverhältnis (§ 27 DBG.), da ein solches Beamtenverhältnis noch bestand (Nadler-Wittland-Ruppert, DBG., Anm. 12 zu § 27). Eine Neuernennung lag ebensowenig vor wie etwa bei der Übernahme eines Assessors (K) aus einem westdeutschen Oberlandesgerichtsbezirk in den Bezirk O. Da V. als außerplanmäßiger Beamter kein Amt im Sinne des Deutschen Beamtengesetzes hatte, liegt auch kein Fall der Versetzung vor, die begrifflich eine Mitwirkung der früheren Behörde erforderlich machen könnte. Die Entscheidung des Landesverwaltungsgerichts Hannover vom 16. November 1948 (Deutsche Verwaltung 1949 S. 69) steht daher der hier vertretenen Auffassung nicht entgegen.

Daß V. bis zur Erklärung des Widerrufs vom 26. September 1946 die Rechtsstellung eines außerplanmäßigen Beamten behalten hatte, kann hiernach nicht zweifelhaft sein.

IV. Die Kernfrage des vorliegenden Rechtsstreites geht aber dahin, ob V., nachdem seine Übernahme in das planmäßige Beamtenverhältnis durch die Verfügung vom 26. September 1946 widerrufen worden war, ohne Verstoß gegen zwingende beamtenrechtliche Vorschriften durch einen Widerruf dieser Verfügung erneut die Rechtsstellung eines außerplanmäßigen Beamten erlangen konnte. Durch die Verfügung vom 26. September 1946 sollte, wie ihr Inhalt klar ergibt, nicht das Beamtenverhältnis als solches beendet, sondern lediglich die Übernahme des V. in das außerplanmäßige Beamtenverhältnis widerrufen werden. Das Beamtenverhältnis blieb also bestehen. Mit der Bildung des Landes N. wurde daher V., wie das Berufungsgericht zutreffend ausführt und auch die Revision nicht in Zweifel zieht, jedenfalls Landesbeamter. Auch Inhalt und Zweck der Widerrufsverfügung des Oberlandesgerichtspräsidenten vom 9. Dezember 1947 sind an sich klar: es sollte ein Verwaltungsakt, der durch irrige Auslegung der Militärregierungsanordnung Nr. 67 veranlaßt war, beseitigt und damit zu Gunsten des betroffenen Beamten dessen ursprüngliche Rechtsstellung wiederhergestellt werden.

1. Die Revision zieht die Rechtsgültigkeit eines solchen „Widerrufs" des Widerrufs in Zweifel und stellt zunächst zur Nachprüfung, ob der Oberlandesgerichtspräsident, der nach der Bildung des Landes seinerseits Landesbeamter geworden sei, nunmehr noch die Befugnis gehabt habe, die von ihm vorher in seiner Eigenschaft als „Reichsjustizminister" widerrufene Ernennung des V. zum außerplanmäßigen Beamten jetzt durch einen in seiner Eigenschaft als Landesbamter erlassenen Verwaltungsakt wiederherzustellen. Die Bedenken der Revision sind nicht begründet. Richtig ist, daß der Oberlandesgerichtspräsident bei Erklärung des „Widerrufs" des Widerrufs in Ausübung der Landesjustizhoheit des beklagten Landes handelte. V. und die übrigen Beamten waren aber ihrerseits seit dem 1. Dezember 1946 Landesbeamte und keiner anderen Dienstgewalt unterworfen als der Landesjustiz-

verwaltung des Landes, auf die mit der Verordnung der Militärregierung Nr. 67 die Aufgaben der Reichsjustizverwaltung für das Gebiet des Landes übergegangen waren. Der Oberlandesgerichtspräsident hat auch nicht etwa seine ihm als Landesbeamten zustehenden Befugnisse durch die Erklärung des „Widerrufs" seiner Verfügung vom 26. September 1946 überschritten. Denn er handelte nicht nur mit ausdrücklicher Ermächtigung, sondern sogar auf Anweisung der obersten Landesverwaltungsstellen, wie das Berufungsgericht im Anschluß an das Schreiben des Ministerpräsidenten vom 20. Mai 1947 unangefochten festgestellt hat.

2. Der Revision kann auch nicht darin gefolgt werden, daß die Verfügung vom 9. Dezember 1947, weil sie in eine Neuernennung des V. zum Assessor (K) umzudeuten sei, wegen Fehlens der allgemeinen Voraussetzungen für die Ernennung zum Assessor rechtswidrig und nichtig sei. Die Revision meint hierzu: die Verfügung vom 9. Dezember 1947 lege sich selbst rückwirkende Kraft bei; die Rückgängigmachung des Widerrufs einer Beamtenernennung könne aber ebensowenig mit rückwirkender Kraft erfolgen, wie nach ausdrücklicher Vorschrift der Durchführungsverordung zu § 24 DBG. eine Neuernennung für eine zurückliegende Zeit statthaft sei. Die Verfügung vom 9. Dezember 1947 könne also nur eine erneute Ernennung des V. zum Assessor bedeuten. Zugegeben ist der Revision, daß der „Widerruf" des rechtsgestaltenden Verwaltungsaktes, durch den ein Beamtenverhältnis beendet worden ist, in der Sache eine Neuernennung des Beamten darstellt, deren Rechtsgültigkeit schon an der Nichtbeachtung der Formvorschrift des § 27 DBG. scheitern müßte. So liegt der Fall jedoch hier nicht. Denn das Beamtenverhältnis als solches sollte, wie dargelegt, durch den Widerruf vom 26. September 1946 nicht berührt werden, das Verbleiben des V. als Beamter im Vorbereitungsdienst war vielmehr ausdrücklich angeordnet worden. Dabei kann auf sich beruhen, ob ein mit diesem beschränktem Ziel ausgesprochener „Widerruf" überhaupt auf § 61 DBG. gestützt werden kann. War er nicht zulässig, so lag in der Verfügung vom 26. September 1946 nur eine außerhalb des Deutschen Beamtengesetzes erfolgte, auf der (unrichtig ausgelegten) Anordnung der Militärregie-

rung Nr. 67 beruhende Beeinträchtigung der dienstlichen Stellung des V. vor, gegen deren nachträgliche Beseitigung beamtenrechtliche Bedenken nicht bestehen können. War aber der Widerruf — mit dem vorerwähnten beschränkten Ziel — beamtenrechtlich zulässig, blieb das Beamtenverhältnis als solches ebenfalls bestehen. Der erneuten Berufung in das Beamtenverhältnis (§ 27 DBG.) bedurfte es also in keinem Falle.

Die Verfügung vom 26. September 1946 würde aber, faßt man sie als beamtenrechtlichen Widerruf auf, die Rechtsstellung des V. als außerplanmäßigen Beamten beseitigt haben. Insoweit würde der spätere Widerruf dieser Verfügung wegen der rechtsgestaltenden Wirkung des ersten Widerrufs rechtlich die erneute Übernahme des V. in das außerplanmäßige Beamtenverhältnis bedeuten. Dabei spielt die Frage, ob diese erneute Ernennung mit rückwirkender Kraft erfolgen konnte, hier keine Rolle, da Rechtsansprüche nur für die Zeit n a c h Erlaß der Verfügung vom 9. Dezember 1947 geltend gemacht werden.

Dagegen war zu prüfen, ob durch die Verfügung vom 9. Dezember 1947, falls sie eine erneute Ernennung bedeutet, gegen die Vorschrift des § 26 Abs. 1 Ziff. 2 DBG. verstoßen würde, und welche Rechtsfolgen sich hieraus ergeben könnten. Eine Bindung an etwaige Entscheidungen der Verwaltungsbehörden besteht bei dieser Prüfung nicht, da die Voraussetzungen des § 146 DBG. nicht vorliegen. Gemäß § 26 Abs. 1 Ziff. 2 DBG. kann Beamter nur werden, wer die für seine Laufbahn vorgeschriebene Ausbildung besitzt. Diese Bestimmung gilt auch, soweit es sich um die anderweite beamtenrechtliche Einstufung einer Person handelt, die bereits Beamter ist (Nadler-Wittland-Ruppert, DBG., Anm. 1, 2 zu § 26). Die nicht zweifelsfreie Frage, welche Folgen eine unter Verstoß gegen diese Bestimmung erfolgte Ernennung hat, ob insbesondere eine solche Ernennung — da gemäß § 32 DBG. Nichtigkeit kraft Gesetzes n i c h t eintritt — im Innenverhältnis rechtswirksam bleibt (so Nadler-Wittland-Ruppert, DBG., Anm. 21 zu § 26), braucht nicht entschieden zu werden. Denn ein Verstoß gegen die Laufbahnvorschriften würde nur vorliegen, wenn der Oberlandesgerichtspräsident die Ernennung des V. am 9. Dezember 1947 unter erstmaliger Heranziehung des nur für Kriegszwecke vorgesehenen Runderlasses vom 22. Dezember 1942 (RJ. S. 125) vorgenommen hätte. Tatsächlich war aber V. bereits im Jahre 1943 unter an sich rechtmäßiger Anwendung dieses Runderlasses in das außerplanmäßige Beamtenverhältnis übernommen worden. Die Rückgängigmachung des Widerrufs dieser Ernennung bedeutet also zwar die erneute Ernennung des V. zum außerplanmäßigen Beamten, sachlich jedoch nicht Neugewährung der Vergünstigungen des Runderlasses vom 22. Dezember 1942, sondern nur die Anknüpfung an einen Rechtszustand, der sich aus der dem Assessor V. bereits früher rechtmäßig gewährten und nur infolge des irrtümlich erklärten Widerrufs verlorenen Vorzugsstellung ergab.

3. Daß schließlich die Verfügung vom 9. Dezember 1947 nicht gegen die Militärregierungsanordnung Nr. 67 verstößt, bedarf keiner näheren Darlegung. Denn ihr Sinn und Zweck war es gerade, die richtige Anwendung dieser zunächst unrichtig ausgelegten Anordnung sicherzustellen.

---

59. Wird in einem Ehelichkeitsanfechtungsprozeß der Kläger durch Blutgruppenuntersuchung als Erzeuger ausgeschlossen, so wird der darauf gestützte Beweis der offenbaren Unmöglichkeit nicht dadurch erschüttert, daß eine erbbiologische Untersuchung die Möglichkeit einer Vaterschaft des Klägers ergibt.

BGB. § 1591.

II. Zivilsenat. Armenrechtbeschl. v. 6. April 1950 i. S. Kind L. (Bekl.) w. Vater L. (Kl.). II ZS 64/50.

I. Landgericht Aachen.
II. Oberlandesgericht Köln.

Die Beklagte ist am 7. Mai 1944 während der inzwischen geschiedenen, am 15. Oktober 1943 geschlossenen Ehe ihrer Mutter mit dem Kläger geboren worden. Der Kläger hat Klage auf Feststellung erhoben, daß er nicht der Vater der Beklagten sei. Nach einem vom Landgericht eingeholten Gutachten ist er als Erzeuger der Beklagten auszuschließen, weil er den reinerbigen Blutfaktor N hat und daher nicht ein Kind haben kann, das, wie die Beklagte, reinerbiger Träger des Faktors M ist. Zu dem gleichen Ergebnis ist auch der Obergutachter gelangt. Dagegen hat die Kindesmutter bei ihrer uneidlichen Vernehmung bestritten, während der gesetzlichen Empfängniszeit vom 9. Juli bis 7. November 1943 oder auch vor dieser, mit einem anderen Manne als dem Kläger verkehrt zu haben.

Auf Grund der beiden Blutgruppenuntersuchungen hat das Landgericht der Klage stattgegeben. Das Berufungsgericht hat auf Wunsch der Beklagten ein erbbiologisches Gutachten darüber eingeholt, ob der Kläger nach erbbiologischen Gesichtspunkten als der Erzeuger der Beklagten anzusehen sei. Der Sachverständige ist zu dem Ergebnis gelangt, die Kombination der zwischen den Parteien übereinstimmenden Merkmale müsse als so kennzeichnend angesehen werden, daß sie nur durch das Bestehen eines biologischen Zusammenhangs zwischen ihnen erklärt werden könne. Den entgegenstehenden Blutgruppenbefund glaubt aber der Sachverständige nicht mit der erforderlichen Sicherheit widerlegen zu können; wie er ausführt, „müßte, um mit Sicherheit den Blutgruppenbefund widerlegen zu können, bei den Parteien Übereinstimmung in extrem seltenen Merkmalen mit bekanntem einfachen Erbgang beobachtet werden, wie sie im allgemeinen nur bei krankhaften Erbmerkmalen gefunden werden". Da diese besonderen Voraussetzungen nicht gegeben seien, so bezeichnet er die Vaterschaft des Klägers nur als möglich. Das Berufungsgericht hat daraufhin die Berufung der Beklagten mit der Begründung zurückgewiesen, das Ergebnis der erbbiologischen Untersuchung lasse den Beweiswert der Blutgruppenuntersuchung bestehen.

Für die Revision wurde der Beklagten das Armenrecht verweigert.

Aus den Gründen:

Die Revisionsbegründung geht davon aus, daß sich mit den einander widersprechenden Ergebnissen der Blutgruppenuntersuchung und der erbbiologischen Untersuchung zwei etwa gleichwertige Beweismittel gegenüberstehen; sie verweist weiter darauf, daß der Kläger keinen Beweis für eine Untreue der Kindesmutter angetreten hat. Die Revision ist daher der Meinung, daß bei der Blutgruppenuntersuchung eine Fehlerquelle vorliegen müsse, sei es nun, daß sich infolge eines bisher nicht bekannten Gesetzes die Blutgruppe des Kindes verschoben habe, sei es, daß der Kläger etwas unternommen habe, um seine Blutgruppe durch äußere Einwirkung zu beeinflussen, sei es, daß bei der Unterscheidung der sehr schwachen Merkmale M und N ein Irrtum bei der Untersuchung vorgekommen sei. Deshalb macht sie dem Berufungsgericht den Vorwurf einer Verkennung der Beweislast und der ungenügenden Aufklärung. Sie meint, das Gericht hätte entsprechend einer Anregung des erbbiologischen Gutachtens den Rechtsstreit aussetzen und nach gewisser Zeit eine nochmalige erbbiologische Begutachtung vornehmen, auch den Rückenwirbelvergleich oder das Rhesusverfahren durchführen, die Kindesmutter beeidigen und sich selbst durch Gegenüberstellung der Beteiligten einen persönlichen Eindruck verschaffen müssen.

Diese Ausführungen vermögen keine hinreichende Aussicht auf einen Erfolg der Revision zu begründen (§ 114 ZPO.). Der Senat hat in mehreren, auch von der Revision angeführten Entscheidungen (OGHZ. Bd. 3 S. 111 ff., 114 ff., 119 ff.) dem Tatsachenrichter eine weitgehende Aufklärungspflicht auferlegt, und im Rahmen dieser Aufklärungspflicht liegen auch die Möglichkeiten, deren Außerachtlassung die Revision dem Berufungsgericht vorwirft. Dabei übersieht die Revision aber, daß es sich bei den erwähnten Entscheidungen um Fälle handelte, in denen die Blutgruppenuntersuchung entweder unterblieben war (OGHZ. Bd. 3 S. 119 ff.) oder kein den Kläger ausschließendes Ergebnis erbracht hatte. In diesem letzteren Falle sind die erwähnten anderen Erkenntnisquellen als Ersatz für eine ergebnislose Blutgruppenuntersuchung zu benutzen, aber sie sind nach dem gegenwärtigen Stande der ärztlichen Wissenschaft nicht geeignet, ein eindeutiges Ergebnis der Blutgruppenuntersuchung zu widerlegen. Die Ergebnisse der Blutgruppenuntersuchung haben sich für den Fall, daß ein bestimmter Mann als Erzeuger ausgeschlossen werden kann, als so zuverlässig erwiesen und so allgemeine Anerkennung gefunden (OGHZ. Bd. 3 S. 119 ff. [124]), daß das Berufungsgericht nur unter ganz besonderen Voraussetzungen von ihnen abweichen konnte. Es ist rechtlich nicht zu beanstanden, daß es das Ergebnis einer erbbiologischen Untersuchung nur dann als Gegenbeweis glaubte werten zu können, wenn diese zu dem Ergebnis geführt hätte, daß der Kläger nach erbbiologischen Grundsätzen als der Erzeuger der Beklagten angesehen werden müsse. Es mag dahingestellt bleiben, ob eine erbbiologische Untersuchung ein solches positives Ergebnis überhaupt zu erbringen vermag, jedenfalls konnte das Berufungsgericht das Gutachten ohne Rechtsirrtum dahin würdigen, daß es einen solchen Beweis nicht erbringe. Die von der Revision herangezogenen, auch in dem erbbiologischen Gutachten erwähnten Fehlermöglichkeiten der Blutgruppenuntersuchung, insbesondere die möglicherweise noch nicht erkannten Verschiebungen innerhalb der Blutgruppen, sind nach ihrem Ausmaß und ihrer Bedeutung nicht geeignet, den Beweiswert herabzusetzen. Daß der Kläger etwas unternommen hätte, um seine Blutgruppe durch äußere Einwirkung zu beeinflussen, ist eine Vermutung, die sich bisher niemals zu einer Behauptung verdichtet hat. Die Revision hat auch nichts darüber vorgebracht, daß und auf welchem Wege eine solche Beeinflussung der Blutgruppe überhaupt möglich ist. Die nicht von vornherein ausgeschlossene Gefahr eines Irrtums, z. B. durch Verwechslung von Proben oder ähnliche Ursachen, ist, wie das Berufungsgericht zutreffend hervorhebt, durch die Einholung eines Obergutachtens ausgeschlossen, das mit der gleichen Begründung zu dem gleichen Ergebnis gelangt ist wie das erste Gutachten.

---

60. 1. Umstellungsrechtliche Behandlung von Umsatzmieten für die Zeit vom 1. bis 20. Juni 1948.

2. Keine Tilgungswirkung einer Überweisung, die im Hinblick auf die bevorstehende Währungsreform auf eine noch nicht fällige Schuld vorgenommen wurde und auf alsbaldigen Widerspruch des Gläubigers stieß.

3. Regelmäßig wiederkehrende Leistungen im Sinne des § 18 Abs. 1 Ziff. 1 UmstG. können auch solche von wechselnder Höhe sein.

4. Über einen Hilfsantrag auf Vertragshilfe, zu dem sachlich vor Inkrafttreten der 28. DVO. zum UmstG. noch

nicht verhandelt war, kann nicht auf Grund des § 16 der 28. DVO. ohne Rücksicht auf das gemäß § 8 Abs. 3 daselbst erforderliche Einverständnis des Gläubigers vom Prozeßrichter entschieden werden.

BGB. § 271 Abs. 2; UmstG. §§ 13, 16, 18 Abs. 1 Ziff. 1; 28. DVO. zum UmstG. §§ 8, 16.

I. Zivilsenat. Urt. v. 30. März 1950 i. S. B. u. Co. (Kl.) w. R. GmbH. (Bekl.). I ZS 82/49.

I. Landgericht Essen.
II. Oberlandesgericht Hamm.

Die Beklagte mietete am 16. Dezember 1933 von der damaligen Eigentümerin des E.-Hauses in E., der Firma A. E. & Söhne, Räumlichkeiten zum Betrieb ihres neugegründeten Möbelgeschäfts. Nach § 5 des Vertrages sollte der jährliche Mietzins 5 v.H. des Umsatzes betragen, abrechenbar und zahlbar in monatlichen Raten bis zum zehnten Tage des folgenden Monats unter Vorlage der Umsatzsteuererklärung. Nach § 2 erhielt die Beklagte die ausschließliche Berechtigung, sich als Nachfolgerin des früheren Einrichtungshauses A. E. & Söhne zu bezeichnen. Im Jahre 1942 erwarb die Klägerin das E.-Haus zu Eigentum und trat als Vermieterin in den Vertrag mit der Beklagten ein.

Die Klägerin verlangt Umstellung der Umsatzmiete für die Zeit vom 1. bis zum 20. Juni 1948 im Verhältnis 1:1. Die Beklagte hatte über den sich für jene Zeit ergebenden Betrag noch vor der Währungsreform Überweisungsauftrag erteilt. Der Klägerin wurde der Betrag nach der Währungsreform, spätestens am 25. Juni 1948, gutgeschrieben. Sie brachte auf die von ihr in DM errechnete Mietforderung 6,5 Prozent des Überweisungsbetrages gut und verlangt den Unterschiedsbetrag.

Das Landgericht gab der Klage statt, das Berufungsgericht wies sie bis auf einen geringen, auf Berechnungsunterschieden beruhenden Betrag ab. Die Revision der Klägerin hat Erfolg.

Aus den Gründen:

I.

Das Berufungsgericht hat im wesentlichen ausgeführt:

Die Beklagte habe durch ihre Überweisung die Klageforderung nicht getilgt; denn die Überweisung sei eine unerlaubte Vorauszahlung gewesen. Auf § 271 Abs. 2 BGB. könne die Beklagte sich nicht berufen, das Interesse der Klägerin habe zu klar entgegengestanden. Die Klägerin sei lediglich verpflichtet, sich das aufrechnen zu lassen, was sie durch die Überweisung erhalten habe. Das seien aber nur 6,5 Prozent des überwiesenen Reichsmarkbetrages.

Die Klageforderung sei eine Reichsmarkforderung im Sinne des § 13 Abs. 3 Satz 1 UmstG. und unterfalle daher normalerweise dem § 16 UmstG. Zwar sei äußerlich der Sondertatbestand des § 18 Abs. 1 Ziff. 1 und Abs. II UmstG. gegeben. Das genüge aber nicht zur Anwendung dieser Vorschrift. Es müsse berücksichtigt werden, daß es sich um eine reine Umsatzmiete handele, die wegen ihrer wirtschaftlichen Verknüpfung mit dem Umsatz auch rechtlich von ihm und seiner währungsrechtlichen Behandlung abhängig sein müsse. Es könne dahingestellt bleiben, ob auch ein gesellschaftsähnliches Verhältnis anzunehmen sei, denn schon der partiarische Charakter der Miete schließe den § 18 Abs. 1 Ziff. 1 UmstG. aus. Es gebe im Wirtschafts- und Rechtsleben Forderungen, die nicht selbständig seien, sondern sich nach Entstehung und Umfang nach einer anderen Forderung richteten. Sie stellten sich häufig als eine prozentuale Beteiligung ihres Inhabers am Erfolg eines anderen dar und seien auch rechtlich von diesem Erfolg abhängig. Über die Frage, wie derartige partiarische Rechtsgeschäfte umstellungsmäßig zu behandeln seien, sei in der Literatur vor allem zu Provisionsansprüchen selbständiger Vertreter und zu Stücklizenzgebühren Stellung genommen worden und zwar durchweg im Sinne der Umstellung 10:1 für die Zeit vor der Währungsreform. Dem sei beizutreten und zwar auch für die reine Umsatzmiete, die einen bestimmten Bruchteil des Erfolgs des Mieters, hier in Gestalt des Umsatzes, dem Vermieter zuführen solle. Werde dieser Erfolg des Mieters nur in Reichsmark erzielt, dann könne auch der dem Vermieter zustehende Prozentsatz nur ein Reichsmarkbetrag sein, der sich nicht ohne Rücksicht auf das währungsrechtliche Schicksal des Grundbetrages in voller Höhe in DM umwandeln könne. Sonst würde der Vermieter einen Prozentsatz von einem in Wirklichkeit gar nicht erzielten Deutschmarkumsatz erhalten und damit die vertragliche Bindung an den wirklichen Umsatz seines Mieters lösen. Die eingeklagte Forderung sei also mit dem währungsrechtlichen Schicksal einer anderen Geldbewegung, nämlich des hereingekommenen Umsatzes der Beklagten, unlösbar verbunden. Ihre währungsrechtliche Behandlung bestimme sich nicht nach dem Charakter als Mietzinsforderung sondern danach, wie der Umsatz der Beklagten umgestellt sei. Dieser sei der Beklagten aber als Reichsmarkforderung oder anzumeldende Reichsmarkbeträge nicht in voller Höhe in DM erhalten geblieben. Dadurch rechtfertige sich die Ablehnung des § 18 UmstG. und die Rückkehr zur Regel des § 16 UmstG. Zu Unrecht meine die Klägerin, auch eine Festmiete werde nach dem Umsatz kalkuliert, so daß man keinen Unterschied zwischen Festmiete und Umsatzmiete machen könne. Was bei der Festmiete nur Kalkulation sei, sei bei der partiarischen Miete entscheidene Eigenart.

Vertragshilfe habe die Beklagte nur für den Fall der Umstellung im Verhältnis 1:1 beantragt.

II.

1. Die von der Beklagten veranlaßte Überweisung hatte, wie das Berufungsgericht zutreffend angenommen hat, keine Tilgungswirkung. Zwar mag die Überweisung eines *fälligen* Betrages dergestalt, daß der Auftrag vor dem 21. Juni 1948 erteilt aber erst nach dem 20. Juni 1948 ausgeführt wurde, auf Grund des § 18 des Währungsgesetzes Tilgungswirkung gehabt haben. Mit Recht hat jedoch das Berufungsgericht die Überweisung der Beklagten als den Versuch einer unzulässigen Vorauszahlung bezeichnet. Fällig wurde die Mietschuld erst am 10. Juli 1948 und die Regel des § 271 Abs. 2 BGB., wonach der Schuldner im Zweifel auch vor Fälligkeit zahlen darf, war durch die besonderen Verhältnisse vor der Währungsreform ausgeschlossen (vgl. Reinicke MDR. 1948 S. 195, Duden DRZ. 1948 S. 338, von Cämmerer SJZ. 1948 Sp. 513 ff., Petersen MDR. 1949 S. 20, Würdinger

MDR. 1948 S. 230 Ziff. 4, Binder-Wetter-Reinbothe Anm. 36, 37 zu § 13, Harmening-Duden Anm. 34 bis 36 zu § 13 UmstG.). Zu Unrecht meint die Beklagte, bei geschuldeter Umsatzmiete müsse man die Regel des § 271 Abs. 2 BGB. auch unter den besonderen Verhältnissen vor der Währungsreform zur Geltung bringen. Damit würde man dem Schuldner das Recht geben, der damals erwarteten gesetzlichen Regelung für den Fall, daß sie ihm ungünstig sei, vorzugreifen und so dem Gläubiger die ihm etwa nach dem erwarteten Gesetz zukommenden Vorteile vorzuenthalten. Wieso dem Schuldner einer Umsatzmiete dieser Weg hätte offenstehen sollen, während er anderen Schuldnern mit Recht versagt wird, ist nicht einzusehen. Die Überweisung hätte somit nur Tilgungswirkung gehabt, wenn die Klägerin ihr zugestimmt oder doch nicht alsbald widersprochen hätte (vgl. die angegebenen Zitate, insbesondere für den Fall der Überweisung: von Cämmerer a.a.O.), und angesichts des Widerspruchs der Klägerin kann die Beklagte nur in Höhe des Betrages aufrechnen, der der Klägerin wirklich zugeflossen ist. Das sind aber in DM nur 6,5 Prozent des Reichsmarkbetrages (Harmening-Duden a.a.O. S. 201).

2. und 3.: pp.

4. Bei den Vertragsbeziehungen der Parteien handelt es sich trotz der Bemessung des Entgelts nach dem Umsatz um ein Mietverhältnis. Daran ändert es auch nichts, daß die Beklagte allein das Recht haben sollte, sich als Nachfolgerin der Firma A. E. & Söhne zu bezeichnen. Mag man hierin aber allenfalls auch ein pachtrechtliches Element sehen, so ist das doch bei der Gleichstellung von Miete und Pacht in § 18 Abs. 1 Ziff. 1 UmstG. unerheblich. Jedenfalls genügen die Anpassung des Entgelts an den Umsatz und die Nachfolgerklausel nicht, um dem Vertragsverhältnis der Parteien gesellschaftsrechtlichen oder auch nur gesellschaftsähnlichen Charakter zuzusprechen. Nirgends ist eine über die Leistung eines Vermieters oder Verpächters hinausgehende Mitwirkung der Klägerin zur Erreichung eines gemeinschaftlichen Zieles vereinbart. Wie unter gesellschaftsrechtlichem Blickpunkt die Umstellung zu erfolgen hätte, bedarf somit hier keiner Entscheidung.

5. Bei der umstellungsrechtlichen Behandlung von Umsatzmiet- oder -Pachtschulden für die Zeit vom 1. bis 20. Juni 1948 wird nicht immer scharf genug unterschieden zwischen den Fragen, ob eine nicht nach dem Umstellungsgesetz zu behandelnde „Wertschuld" vorliegt oder ob — bei Verneinung dieser Frage — § 18 Abs. 1 Ziff. 1 oder aber § 16 UmstG. anzuwenden ist (vgl. z. B. bei Harmening-Duden einerseits Anm. 13 zu § 13 UmstG., andererseits Anm. 15 daselbst und Anm. 6 [S. 229] zu § 18 UmstG.). Die ungenügende Scheidung der beiden Fragen tritt vielfach, und so auch in dem Urteil des Berufungsgerichts, darin hervor, daß mit Gründen, die zur Annahme einer Wertschuld führen müßten, ohne weiteres die Umstellung im Verhältnis 10:1 gerechtfertigt wird, während es bei einer Wertschuld darauf ankommen müßte, was von den für den Umsatz in Betracht kommenden Reichsmarkeinnahmen des Mieters oder Pächters wertmäßig, in DM ausgedrückt, dessen Vermögen zugeflossen ist, was keinesfalls immer auf eine „Umstellung 10:1" herauskommen würde (vgl. z. B. Binder-Wetter-Reinbothe Anm. 7 zu § 18 UmstG.).

Es mag Fälle geben, in denen die Miete als Wertschuld anzusprechen ist, die sich nach dem nachhaltigen (DM)-Erfolg des Mieters richtet. Bei einer reinen Umsatzmiete ist das jedoch nicht der Fall. Hier ist der Umsatz vielmehr, wie Reinicke (MDR 1948 S. 194) mit Recht ausführt, nur Berechnungsgrundlage für die Ermittlung der Miethöhe ohne Rücksicht darauf, wie sich der Umsatz wertmäßig im DM-Vermögen des Mieters auswirkt. Handelt es sich somit nicht um eine Wertschuld, so bleibt nur noch zu prüfen, ob — in den Schranken des § 18 Abs. 2 UmstG. — alle Tatbestandsmerkmale des § 18 Abs. 1 Ziff. 1 UmstG. vorliegen. Ist das der Fall, so hat die Umstellung im Verhältnis 1:1 zu erfolgen — mit etwaigem Härteausgleich über die Vertragshilferegelung des § 21 UmstG. —, ist es nicht der Fall, so ist nach § 16 UmstG. im Verhältnis 10:1 umzustellen. Das Berufungsgericht stellt nun selbst zutreffend fest, daß — „äußerlich" — alle Voraussetzungen des § 18 Abs. 1 Ziff. 1 UmstG. gegeben seien. In der Tat handelt es sich auch bei der Umsatzmiete um „regelmäßig wiederkehrende Leistungen". Weder der Wortlaut noch der Sinn des § 18 Abs. 1 Ziff. 1 UmstG. lassen die Einschränkung gerechtfertigt erscheinen, daß die Höhe der einzelnen Leistungen gleich sein müsse, wie von Cämmerer (SJZ. 1948 Sp. 504 e) meint. Richtig führen dagegen Harmening-Duden in Anm. 2 zu § 18 UmstG. aus, daß es insofern nur darauf ankomme, ob überhaupt, in irgendeiner Höhe, regelmäßig Ansprüche entstehen. Am selben Orte weisen Harmening-Duden ferner zutreffend darauf hin, daß gesetzgeberischer Grund des § 18 Abs. 1 Ziff. 1 UmstG. sei, solche Forderungen im Verhältnis 1:1 umzustellen, die für den Gläubiger zur Bestreitung der laufenden Lebenshaltungskosten von besonderer Bedeutung sind und ihm die Bestreitung der Lebenshaltungskosten für die nächste Zahlungsperiode (hier: Juli 1948) ermöglichen sollen. Es bedarf hier nicht der Entscheidung, ob und inwieweit diesem gesetzgeberischen Grunde eine einschränkende Bedeutung für Fälle zukommen könnte, in welchen es an diesem Grunde mangelt, während alle im Gesetz genannten Erfordernisse vorliegen. Es kann nämlich, wenn man nur den Begriff der Lebenshaltungskosten nicht zu eng faßt, nicht zweifelhaft sein, daß für die Klägerin die von der Beklagten zu zahlende Miete die angegebene Bedeutung hat ohne Rücksicht darauf, daß es sich nicht um eine Fest-, sondern um eine Umsatzmiete handelt.

Es kann daher nicht anerkannt werden, daß Gründe vorliegen, die eine Abweichung von den Vorschriften des § 18 Abs. 1 Ziff. 1 UmstG. rechtfertigen könnten.

6. Nach Erlaß des Berufungsurteils, am 1. Juli 1949, ist die 28. DVO. zum Umstellungsgesetz in Kraft getreten. Wie der Oberste Gerichtshof schon wiederholt entschieden hat, sind die mit der Währungsreform zusammenhängenden Vorschriften grundsätzlich in der Revisionsinstanz auch dann noch zu berücksichtigen, wenn sie erst nach Erlaß des Berufungsurteils in Kraft getreten sind. Nach § 8 Abs. 3 der somit anzuwendenden Durchführungsverordnung kann mit Zustimmung des Gläubigers auch das Prozeßgericht die Vertragshilfe gewähren. Ob das so zu verstehen ist, daß das Prozeßgericht die Vertragshilfe auch für im übrigen b e s t r i t t e n e Ansprüche gewähren kann, kann dahinstehen; denn das erforderliche Einverständnis ist nicht erteilt. Dabei kann wiederum dahinstehen, ob ein v o r Inkrafttreten der 28. DVO. er-

klärtes Einverständnis Wirkung haben würde; denn auch an einem solchen fehlt es hier. Die Klägerin hat durch die Rüge mangelnder Substantiierung des Hilfsantrages der Beklagten auf Gewährung von Vertragshilfe hinreichend zu erkennen gegeben, daß sie mit einer notwendig verzögernden Hineinziehung des Vertragshilfeverfahrens in den Rechtsstreit nicht einverstanden war. Auch § 16 der 28. DVO. ändert hieran nichts. Er sagt, daß vor Inkrafttreten dieser Verordnung auf Grund des § 21 UmstG. eingeleitete Vertragshilfeverfahren nach den Vorschriften dieser Duchführungsverordnung weiterzuführen seien. Das kann man bei Berücksichtigung des Zwecks der Vorschrift nicht dahin verstehen, daß ein Hilfsantrag der Beklagten auf Vertragshilfe, zu welchem noch nicht einmal eine sachliche Stellungnahme des Gegners vorliegt, ohne Rücksicht auf Einverständnis des Gegners vom Prozeßrichter sollte bearbeitet werden. Somit ist das Vertragshilfebegehren der Beklagten, der der Weg zum Vertragshilferichter durch die rechtskräftige Entscheidung des Rechtsstreits nicht abgeschnitten wird, im Rahmen dieses Rechtsstreits nicht zu beachten, der Zurückverweisung in die Tatsacheninstanz bedarf es demnach nicht.

---

61. Gegenüber der Klage aus § 11 Abs. 3 EMV. besteht das Leistungsverweigerungsrecht des § 21 Abs. 4 UmstG. nicht, wenn die Mietgeräte infolge Kriegseinwirkung untergegangen sind und der Beklagte nur einen Kriegsschädenersatzanspruch gegen das Reich hat.

UmstG. §§ 14, 21 Abs. 4; EMV. § 11 Abs. 1, 3; BGB. § 323; KSSchVO. §§ 1, 28 Abs. 1; RLG. § 26.

I. Zivilsenat. Urt. v. 30. März 1950 i. S. J. KG. (Kl.) w. K. Bau-GmbH. (Bekl.) I ZS 81/49.

I. Landgericht Bochum.
II. Oberlandesgericht Hamm.

Am 3. Oktober 1940 vermietete die Klägerin der Beklagten Baugeräte unter den Bedingungen des Einheitsmietvertrages. Als die Beklagte beim Anrücken der Russen Schlesien am 20. Januar 1945 verließ, blieben die Geräte zurück. Es ist nicht bekannt, ob sie gesprengt wurden oder unversehrt in Feindeshand fielen. Die Klägerin sieht infolge des Verlustes der Baugeräte die Voraussetzungen des § 11 Abs. 3 EMV. als gegeben an. Danach ist die vereinbarte Miete noch für die Dauer von drei Monaten seit dem auf den Untergang des Geräts folgenden Monatsersten zu zahlen. Die Klägerin verlangte 2183.— RM umgestellt auf 218,30 DM als Miete für die Zeit vom 21. Januar bis zum 30. April 1945. Die Beklagte hält § 11 Abs. 3 EMV. nicht für gegeben, da feindliche Beschlagnahme nicht als Untergang im Sinne des § 11 EMV. zu verstehen sei und nicht feststehe, daß das Gerät tatsächlich vernichtet worden sei. Sie vertritt ferner den Standpunkt, das Verlangen nach Miete sei unbillig, da sie das Gerät infolge Feindeinwirkung nicht mehr habe benutzen können und weder die Versicherungssumme noch Kriegsschädenersatz erlangen könne. Im übrigen beruft sie sich auf § 21 Abs. 4 UmstG. und behauptet, auf Veranlassung des WBK. Oppeln habe sie im Herbst 1944 ihr gesamtes Baugerät der OT. zum Bau von Ostbefestigungen zur Verfügung stellten müssen und dafür ihrerseits kein Entgelt erhalten. Das Landgericht wies die Klage ab, weil wegen des Wegfalls der Reichshaftung für Kriegsschäden die Geschäftsgrundlage für die Zufallshaftung des Mieters entfallen sei. Die Berufung hatte keinen Erfolg. Die Revision der Klägerin führte zur Verurteilung nach dem Klageantrag.

Aus den Gründen:

Das Berufungsgericht führt aus: § 21 Abs. 4 UmstG. greife durch. Das WBK. Oppeln habe der Beklagten die Verfügung über ihr eigenes und über das von der Klägerin gemietete Baugerät entzogen und es für die OT. in Anspruch genommen. Dabei sei ausdrücklich zwischen fremdem und eigenem Gerät kein Unterschied gemacht worden. Die Beklagte habe gegen die Wehrmacht und die OT. Forderungen aus § 26 RLG. und der vom WBK. Oppeln im Schreiben vom 24. Dezember 1944 erteilten Zusage: „Daß eine geldliche Regelung für die von Ihnen entnommenen Geräte irgendwie erfolgen wird, ist selbstverständlich und wurde Ihnen bereits bei Ihrem mündlichen Vorsprechen zugesichert." Diese Ansprüche hätten zwar nicht in Kauf- oder Lieferungsvertrag ihre Grundlage. Es handele sich aber doch um einen Anspruch aus einer Lieferung oder sonstigen Leistung im Sinne des § 21 Abs. 4 UmstG., auch wenn der Anspruch öffentlich-rechtlicher Art sei und er sich gegen die OT. richte. Unerheblich sei auch, daß die Klägerin von der anderweitigen Inanspruchnahme ihrer Geräte keine Kenntnis gehabt habe. Die Klägerin sei Vorlieferant gewesen, da sie der Beklagten die Nutzung der vermieteten Baugeräte überlassen habe. Die gleiche Leistung, nämlich die Nutzung der Geräte, habe das WBK. für sich oder die OT. in Anspruch genommen. Die Leistung der Klägerin an die Beklagte sei daher in die Leistung der Beklagten eingegangen und darum sei § 21 Abs. 4 UmstG. anzuwenden.

Diese Ausführungen halten der rechtlichen Nachprüfung nicht stand.

1. Der Klageanspruch wird von § 11 Abs. 3 EMV. getragen. Der Oberste Gerichtshof hat in seinem Urteil vom 17. Juni 1948 (OGHZ. Bd. I S. 110) dargelegt, der Begriff des Untergangs im Sinne des § 11 EMV. sei nicht auf die körperliche Vernichtung der Sache beschränkt, sondern erfasse auch den Verlust durch eine der Vernichtung im Erfolg gleichkommende Feindbeschlagnahme. Dieser Ansicht ist der Senat in seiner Entscheidung vom 7. Juli 1949 beigetreten (OGHZ. Bd. 2 S. 202). Die erneute Prüfung der Frage hat keinen Anlaß zur Aufgabe dieses Standpunktes ergeben.

2. Auf Wegfall der Geschäftsgrundlage kann sich die Beklagte nicht berufen. Zum Grundsätzlichen kann auf die Ausführungen des Senatsurteils vom 7. Juli 1949 unter Ziff. 4 (OGHZ. Bd. 2 S. 208) verwiesen werden. Der Mietvertrag wurde während des Krieges (1940) geschlossen. Es ist daher jedenfalls nicht ohne weiteres unbillig, daß die Beklagte nun nach Verlust des Krieges am Vertrage, insbesondere an § 11 Abs. 3 EMV., festgehalten wird. Es geht zudem lediglich um einen Betrag von 214,50 DM. Die Beklagte hat nicht dargetan, daß ihre Verluste im Osten, der Ausfall der genommenen Versicherung und die Unmöglichkeit, das Reich auf Kriegsschädenersatz oder sonstwie in Anspruch zu nehmen, ihr die Zahlung des eingeklagten Betrages in einer Weise untragbar machen,

daß sie im Interesse der Gerechtigkeit von den übernommenen Vertragspflichten befreit werden müßte (OGHZ. Bd. 1 S. 67 f. und S. 393 f).

3. § 21 Abs. 4 UmstG. trifft nicht zu. Er setzt voraus, daß jemand aus einer Lieferung oder sonstigen Leistung Forderungen gegen das Reich oder andere Forderungen der in § 14 UmstG. bezeichneten Art besitzt und seinen Vorlieferanten etwas schuldet. Da das Gesetz das Leistungsverweigerungsrecht nicht gegenüber jedem Lieferanten, sondern lediglich gegenüber dem Vorlieferanten gibt, muß eine irgendwie geartete Beziehung bestehen zwischen dem Rechtsverhältnis, dessentwegen, und dem Rechtsverhältnis, dem gegenüber das Zurückbehaltungsrecht gewährt wird. Diese Beziehung kann, da die Vorschrift auf die Begriffe Lieferung, Leistung und Vorlieferanten abstellt, nur eine lieferungs- oder leistungsmäßige sein, und da nur derjenige ein Leistungsverweigerungsrecht gegenüber seinen Vorlieferanten hat, der aus einer Lieferung oder sonstigen Leistung Forderungen gegen das Reich (oder andere Forderungen der in § 14 UmstG. bezeichneten Art) besitzt, so müssen die Lieferungen oder Leistungen beider Rechtsverhältnisse die gleiche Richtung nehmen; es muß zu einer Weiterlieferung oder Leistung kommen oder anders ausgedrückt, es muß die Leistung des Vorlieferanten in diejenige Lieferung oder Leistung eingehen, die den Anspruch gegen das Reich (oder eine andere Forderung der in § 14 UmstG. bezeichneten Art) auslöst. Auch die mietweise Überlassung eines Gegenstandes kann zu einer Weiterlieferung führen (OGHZ. Bd. 1 S. 228 [235]). Zu einer Weiterlieferung gehört einmal, daß es überhaupt zu einer Lieferung oder Leistung, aus der das Reich in Anspruch genommen werden kann, gekommen ist, und zum anderen, daß diese Lieferung oder Leistung die Leistung des Vorlieferanten in sich aufgenommen hat. Ob diese Voraussetzungen, falls jemand gemietetes Baugerät dem Reich vertraglich überlassen hat, nur für ein reines Überlassungsentgelt oder auch für ein Gebrauchsentgelt zutreffen, kann hier dahinstehen; es braucht auch nicht erörtert zu werden, ob eine Weiterlieferung oder -Leistung dann vorliegt, wenn der Mieter mit der Mietsache Arbeiten für das Reich ausführt oder die Sachen bei dem Mieter beschlagnahmt,

ihm weggenommen oder auf Grund des Reichsleistungsgesetzes in Anspruch genommen werden.

Hier hat die Beklagte die Miete bis zum 20. Januar 1945 an die Klägerin bezahlt. Für diesen Tag nimmt das Berufungsgericht nicht bloß den Abzug der Beklagten aus Schlesien, sondern auch den Verlust des Mietgeräts an. Selbst wenn die Benutzung des Geräts durch das Reich oder die OT. (bis zum 20. Januar 1945) der Beklagten einen Anspruch aus einer Lieferung oder sonstigen Leistung gab und die Klägerin, die das Mietgerät bereits 1940 der Beklagten überließ, deshalb oder auf Grund der fortwährenden Belassung der Beklagten im Mietbesitz als Vorlieferantin anzusehen wäre, so kann dies doch nur für diejenige Zeit gelten, während deren das Reich oder die OT. die Geräte nutzte und für die Benutzung ein Entgelt schuldete. Gestritten wird dagegen um die Miete für die Zeit vom 21. Januar bis 30. April 1945, also für 3⅓ Monate nach dem Untergang der Mietsachen.

Es kann schon zweifelhaft sein, ob der Klageanspruch eine Forderung aus einer Lieferung oder Leistung ist, ob also die Klägerin für den geltend gemachten Anspruch als Vorlieferantin anzusehen ist. Jedenfalls hat die Beklagte gegen das Reich oder die OT. für die Zeit nach dem 21. Januar 1945 keinen Anspruch aus einer Lieferung oder Leistung. Ausgeführt ist bereits, daß kein Anhalt dafür besteht, daß das Reich oder die OT. in den von den Parteien geschlossenen Vertrag eingetreten ist, so daß unter diesem Gesichtspunkt nicht untersucht zu werden braucht, ob der Anspruch aus § 11 Abs. 3 EMV. eine Lieferantenforderung darstellt. Hatte die Beklagte auf Grund des Schreibens des WBK. Oppeln vom 24. Dezember 1944 oder der darin erwähnten mündlichen Zusage einen Anspruch gegen das Reich oder die OT. wegen der Benutzung des Baugeräts der Klägerin, so verlor sie diesen Anspruch mit dem Untergang des Mietgeräts (§ 323 BGB.), und es entstand ein Anspruch auf Nutzungsschädenersatz (§ 1 Abs. 4 KSSchVO.). Hatte die Beklagte Ansprüche auf Grund des Reichsleistungsgesetzes, so können derartige Ansprüche für die Zeit nach dem Untergang der Baugeräte wegen des Eintritts eines Kriegsschadens nicht erhoben werden (§ 28 Abs. 1

KSSchVO.), gleichviel, ob insoweit Kriegssachschäden oder Nutzungsschäden in Frage stehen (RdErl. d. RMdI. v. 27. 2. 1941 — MBliV. S. 387 — i. d. Fassung d. RdErl. v. 15. 6. 1943 — MBliV. S. 1013). Selbst wenn die Beklagte dem Reich oder der OT. vor dem 21. Januar 1945 etwas in Ansehung der fraglichen Baugeräte geliefert oder geleistet hat, so stellt doch der Entschädigungsanspruch keinen Anspruch aus einer Lieferung oder Leistung dar. Der Anspruch auf Kriegsschädenersatz ist von einer Lieferung oder Leistung unabhängig und beruht nicht auf ihr. Für die Zeit nach dem 21. Januar 1945 entstand ein Anspruch gegen das Reich infolge eines Kriegsschadens, nämlich des Untergangs des Mietgeräts; die Inbesitznahme der Mietgeräte durch das Reich oder die Gebrauchsüberlassung an das Reich kann nur insofern von Bedeutung sein, als es die Beklagte (und nicht die Klägerin) ist, die den Kriegsschädenanspruch gegen das Reich hat. Infolge des Untergangs des Mietgeräts konnte nichts mehr an das Reich oder zu seinen Gunsten geleistet oder geliefert werden und, was in der Vergangenheit dem Reich oder zu seinen Gunsten vielleicht geleistet oder geliefert worden war, ist für den Kriegsschädenanspruch ohne jede Bedeutung. Denn dieser Anspruch wird gerade wegen des Kriegsverlustes gewährt und ist unabhängig davon, ob sich das Gerät bei der Beklagten, im Besitz des Reichs, der OT. oder sonst eines Dritten befand.

Fehlt es aber schon an einem Anspruch aus einer Lieferung oder sonstigen Leistung gegen das Reich (oder einer anderen Forderung der in § 14 UmstG. bezeichneten Art), so braucht nicht entschieden zu werden, ob der Klageanspruch, der an die Pflicht des Mieters anknüpft, bei Untergang des Mietgeräts Ersatz zu leisten und eine Barentschädigung zu zahlen (§ 11 Abs. 1 EMV.), selbst ein Lieferantenanspruch oder ein Schadensersatzanspruch ist, der nicht auf der Gebrauchsüberlassung, sondern auf dem Verlust und der dafür vereinbarten Ersatzpflicht beruht.

---

62. 1. Durch die Wiederherstellung einer aus den Trümmern geborgenen Rotationsdruckmaschine entsteht auch dann keine „neue Sache" im Sinne des § 950 BGB., wenn

alle wertvollen Teile in das Maschinengestell neu eingebaut werden müssen.

2. Zum Begriff der Hauptsache im Sinne des § 947 Abs. 2 BGB.

3. Der Eigentums- oder Miteigentumserwerb auf Grund der §§ 946 bis 950 BGB. schließt es nicht aus, daß das so erworbene Eigentum aus schuldrechtlichen oder sonstigen Rechtsgründen an den ursprünglichen Eigentümer übertragen werden muß.

BGB. §§ 947, 950, 951.

II. Zivilsenat. Urt. v. 31. März 1950 i. S. H. (Bekl.) w. U. (Kl.). II ZS 132/49.

I. Landgericht Düsseldorf.
II. Oberlandesgericht Düsseldorf.

Im April 1944 wurde der Betrieb der Klägerin (eine Kassenblockfabrik und Buchdruckerei) durch Kriegseinwirkung zerstört. Unter den Trümmern befand sich u. a. eine Rotationsmaschine, deren Wiederinstandsetzung durch die Firma G., eine Spezialfabrik für Rotationsmaschinen, im Sommer 1944 durchgeführt werden sollte, aber an der damaligen Überlastung dieser Firma mit anderen Aufträgen scheiterte. Nach der Kapitulation ließ sich die Beklagte die Rotationsmaschine der Klägerin auf Grund des Reichsleistungsgesetzes durch Verfügung des Oberpräsidenten der Nordrhein-Provinz vom 1. Dezember 1945 zuweisen, in der es wie folgt heißt:

„Auf Grund des § 3 b RLG. wird hiermit angeordnet, daß Sie berechtigt sind, die nachfolgenden Maschinen

1. eine Kassenblock-Rotationsmaschine Zylinderumfang 350/600 m,
2. aus den Trümmern zu bergen und durch die Maschinenfabrik G. in Stand setzen zu lassen. Die Maschinen werden Ihnen für die Dauer von zwei Jahren, beginnend mit dem 1. Januar 1946, zu mietweisen Benutzung überlassen."

Die Beklagte ließ daraufhin die bei der Firma G. stehende Maschine der Klägerin von der Firma G. instandsetzen.

Nach Ablauf der in der Verfügung des Oberpräsidenten vom 1. Dezember 1945 bestimmten Benutzungszeit von zwei Jahren hat die Klägerin auf Verurteilung der Beklagten zur Herausgabe der Rotationsmaschine geklagt, während die Beklagte Klageabweisung beantragt hat. Sie hat geltend gemacht, daß sie gemäß § 950 BGB. Eigentum oder jedenfalls gemäß § 947 BGB. Miteigentum an der Maschine erworben habe, da die Maschine bei ihrer Übernahme nur noch einen Schrottwert von 800 bis 900 RM gehabt habe und sie zur Wiederherstellung alle wesentlichen und wertvollen Teile, die den eigentlichen Wert der Maschine ausmachten, wie Walzen, Zylinder und Kugellager, habe ersetzen lassen müssen. Diese Arbeiten hätten 8 768,15 RM gekostet, während der friedensmäßige Neuwert der jetzt über zwanzig Jahre alten Maschine rund 12 750 RM betragen habe. Es sei daher nicht die alte Maschine ausgebessert, sondern unter Verwendung im wesentlichen nur des alten gußeisernen Gestells eine ganz neue Maschine hergestellt worden. Hilfsweise hat die Beklagte Ersatz ihrer Verwendungen in Höhe von 8 768,15 RM verlangt und wegen dieses Anspruches ein Zurückbehaltungsrecht geltend gemacht.

Das Landgericht hat die Beklagte zur Herausgabe der Maschine Zug um Zug gegen Zahlung von 876,80 DM verurteilt. Mit der Berufung hat die Beklagte um Klageabweisung, hilfsweise um Verurteilung Zug um Zug gegen Zahlung von 8 768,15 DM gebeten. In einem nach der letzten mündlichen Verhandlung eingereichten Schriftsatz vom 25. April 1949 hat sie erklärt, daß sie das Wegnahmerecht der von ihr eingebauten wesentlichen Bestandteile aus § 997 BGB. ausüben werde, falls ihrem Hilfsantrage auf volle Umwertung nicht stattgegeben würde. Sie hat gleichzeitig um Wiedereröffnung der mündlichen Verhandlung gebeten, damit sich die Klägerin dazu erklären könne, ob sie zum Wertersatz gemäß § 997 Abs. 2 letzter Halbsatz BGB. bereit sei.

Das Oberlandesgericht hat die Berufung der Beklagten zurückgewiesen, auch ihre Revision blieb erfolglos.

Aus den Gründen:

I. Das Berufungsgericht hat einen Eigentumserwerb der Beklagten auf Grund des § 950 BGB. verneint, da durch Instandsetzungsarbeiten, mögen sie auch noch so erheblich sein, keine „neue Sache" im Sinne der genannten

Vorschrift entstehen könne, es sich vielmehr immer nur um eine Bearbeitung der alten Sache handele. Die Behauptung der Beklagten, daß der aus den Trümmern geborgene Gegenstand nur ein wertloses Trümmergestell und keine Rotationsmaschine mehr gewesen sei, hat es aus tatsächlichen Gründen als widerlegt angesehen. Zu Unrecht rügt die Revision, das Berufungsgericht habe hierbei unberücksichtigt gelassen, daß die Ersatzteile einen Wert von 7000 RM darstellten und daß die Bearbeitungskosten nur 1500 RM betragen hätten. Der Eigentumserwerb aus § 950 BGB. dient dem Schutz der Arbeitsleistung. Er setzt daher nicht nur voraus, daß aus einem oder mehreren Stoffen eine neue Sache hergestellt wird, sondern auch, daß der Wert der Verarbeitung oder Umbildung der Stoffe nicht erheblich geringer ist als der Wert der Stoffe. Das Vorbringen der Beklagten über den vergleichsweise geringen Wert der eigentlichen Bearbeitungskosten im Verhältnis zu dem Preis der eingebauten Neuteile hätte mithin, wenn man die Entstehung einer „neuen Sache" zunächst unterstellt, nur zu Ungunsten der Beklagten gewertet werden können, weil der von ihr behauptete erheblich höhere Wert der Stoffe jedenfalls nicht zur Rechtfertigung eines Eigentumserwerbs aus § 950 BGB. herangezogen werden könnte (OGHZ. Bd. 2 S. 392). Denn es kann nicht, wie die Revision meint, darauf ankommen, in welchem Verhältnis der Wert der Bearbeitung zum Wert der alten Maschine steht, sondern wie sich der Wert der Bearbeitung, der sich aus dem Abzug des Wertes der neuen Sache von dem Stoffwert ergibt, zum Wert aller Bestandteile, also der alten Maschine zuzüglich der Neuteile, verhält (RGZ. Bd. 144 S. 240).

Auch die sachlichrechtliche Nachprüfung der Ausführungen des Berufungsgerichts zur Anwendbarkeit des § 950 BGB. führt zu keinem anderen Ergebnis. Eine allgemein gültige Begriffsbestimmung der „neuen Sache" im Sinne des § 950 BGB. ist bisher im Schrifttum und in der Rechtsprechung nicht gefunden worden. Entscheidend kann jeweils nur die Verkehrsauffassung sein, wobei die Namensgebung für das neue Erzeugnis einen Hinweis dafür geben kann, daß der Verkehr das mit einem etwaigen neuen Namen belegte Arbeitsprodukt in der Regel auch als neue Sache ansehen wird (Martin Wolff

Sachenrecht, 8. Bearb. § 73 Ziff. 1; Planck 3. Aufl. Anm. 1 a zu § 950; Biermann Anm. 1 b zu § 950; Staudinger Anm. 1 zu § 950). Für den vorliegenden Fall ist von der Feststellung des Berufungsgerichts auszugehen, daß nicht etwa nur Teile einer Rotationsmaschine aus den Trümmern geborgen wurden, sondern die an sich im wesentlichen vollständige, wenn auch unbrauchbar gewordene Rotationsmaschine selbst. Die von der Revision gegen diese Feststellung vorgebrachten Angriffe bewegen sich auf dem Gebiet der dem Tatsachenrichter vorbehaltenen Beweiswürdigung. Auf den als übergangen gerügten Beweisantritt, daß das „Trümmergestell" nur noch einen Schrottwert gehabt habe, konnte es nicht ankommen, weil nicht der Wert entscheidet, sondern allein die Frage, ob tatsächlich noch eine im wesentlichen vollständige Rotationsmaschine oder etwa nur Teile einer solchen (Trümmer) vorhanden waren. Die Annahme des Berufungsgerichts, daß ungeachtet der umfangreichen Erneuerung und Ausbesserungen die Maschine in ihrer Individualität nicht verändert worden sei, widerspricht auch nicht der Lebenserfahrung. Die Revision berücksichtigt bei ihren gegenteiligen Ausführungen nicht, daß nicht die einfache Summierung der verschiedenen Einzelteile das Wesen einer Maschine ausmachen, sondern erst der innere Zusammenhang, also die sinnvolle Einfügung aller Einzelteile in das Ganze eine individuell bestimmte Maschine entstehen läßt. Zutreffend hat daher das Berufungsgericht in diesem Zusammenhang auch berücksichtigt, daß durch die vorgenommenen Einbauten nicht irgendeine andere Maschine entstanden ist, sondern daß die gleiche Rotationsmaschine Modell RK 4 wieder hergestellt worden ist, also hinsichtlich Gestalt und Größe des Arbeitsproduktes keine bemerkenswerten Abweichungen gegenüber der alten Maschine eingetreten sind (RG. Warn. 1929 Nr. 161). Da die Anwendbarkeit des § 950 BGB. schon aus diesen Gründen ausscheidet, bedurfte es keines Eingehens auf die Frage, ob nicht ein Eigentumserwerb der Beklagten auch auf Grund der sonstigen Rechtsbeziehungen der Parteien als ausgeschlossen zu gelten hat (RGZ. Bd. 105 S. 315; Bd. 138 S. 88; Bd. 161 S. 113; JW. 1918 S. 567; 1936 S. 2881).

II. Nicht bedenkenfrei sind dagegen die Ausführungen, mit denen das Berufungsgericht den Erwerb des Miteigentums der Beklagten auf Grund des § 947 Abs. 1 BGB ablehnt. Diese Vorschrift kommt zur Anwendung, wenn mehrere bewegliche Sachen dergestalt miteinander verbunden werden, daß sie wesentliche Bestandteile einer einheitlichen Sache werden. Daß dies hier mindestens hinsichtlich eines Teiles der eingebauten Neuteile der Fall ist, scheint auch das Berufungsgericht nicht zu verkennen, es ist aber der Auffassung, daß die Voraussetzungen des § 947 Abs. 2 BGB. erfüllt sind, da die Neuteile ihren wirtschaftlichen Wert erst in Verbindung mit der Maschine erhielten und diese daher als Hauptsache anzusehen sei. Auch für die Frage, was als Hauptsache und Nebensache einer aus mehreren Bestandteilen bestehenden einheitlichen Sache anzusehen ist, kommt es auf die Verkehrsanschauung an. Weder das Wertverhältnis noch das Verhältnis des räumlichen Umfanges sind für sich allein entscheidend (RG. Gruch. Bd. 68, S. 521; RGR. Komm. Anm. 2 zu § 947; Martin Wolff Sachenrecht, § 72 II Ziff. 1). Der Senat hat in OGHZ. Bd. 2 S. 393 die Entscheidung, ob eine Sache als Hauptsache anzusehen ist, darauf abgestellt, ob die übrigen Bestandteile fehlen können, ohne daß das Wesen der Sache dadurch beeinträchtigt würde (vgl. RGZ. Bd. 152 S. 91 [98]). Die Fragestellung geht aber immer dahin, ob e i n e der miteinander verbundenen Sachen nach der Verbindung im Verhältnis zu den anderen Sachen als Hauptsache erscheint, d. h. vorliegend, ob das — nach der zu unterstellenden Behauptung des Beklagten — allein noch verwendbar gewesene Gestell der alten Maschine nach dem Einbau der neuen Teile als Hauptsache und die eingefügten Teile als Nebensache anzusehen sind. Dagegen ist nicht entscheidend, ob, wie das Berufungsgericht anscheinend angenommen hat, die Rotationsmaschine in ihrem wiederhergestellten Zustand im Verhältnis zu den eingebauten Teilen als Hauptsache zu gelten hat. Die Möglichkeit, daß keine der zusammengefügten Sachen als Hauptsache anzusehen ist, ist angesichts der technischen Bedeutung und des Wertes der neuen Teile mithin nicht von der Hand zu weisen. Indessen bedurfte es keiner erneuten tatrichterlichen Feststellung hierüber, da die Klage sich auch bei Unterstellung eines etwaigen Miteigentums der Beklagten aus anderen Gründen als gerechtfertigt erweist.

Das Gesetz gibt demjenigen, der durch die sachenrechtlichen Vorschriften der §§ 946—950 BGB. einen Rechtsverlust erleidet, einen Anspruch auf Vergütung in Geld nach den Vorschriften über die Herausgabe einer ungerechtfertigten Bereicherung (§ 951 BGB.). Nach ausdrücklicher Bestimmung des § 951 Abs. 2 BGB. sollen aber hierdurch Ansprüche auf Schadenersatz und auf Verwendungsersatz sowie das Recht zur Wegnahme einer Einrichtung nicht ausgeschlossen werden. Die Aufzählung dieser vorbehaltenen Ansprüche ist jedoch nicht erschöpfend, vielmehr werden durch § 951 Abs. 1 BGB. auch die aus sonstigen Rechtsgründen, z. B. aus einem Vertragsverhältnis, herzuleitenten Ansprüche nicht berührt, also auch nicht schuldrechtliche Ansprüche, die das Verlangen auf Herausgabe des nach den sachenrechtlichen Vorschriften an sich zu Gunsten der beklagten Partei entstandenen Eigentums oder Miteigentums rechtfertigen (RG. in Recht 1903 Nr. 2545; RGZ. Bd. 105 S. 315; Bd. 138 S. 88; Urteil des erkennenden Senats vom 11. November 1949 — II ZS 31/49 — insoweit in OGHZ. Bd. 2 S. 389 nicht abgedruckt —; RGR. Komm. Anm. 5 zu § 951, Staudinger Anm. 1 h und 2 zu § 951). (Wird ausgeführt.)

---

63. Das Leistungsverweigerungsrecht des § 21 Abs. 4 UmstG. steht demjenigen nicht zu, der einen Anspruch gegen das Reich hat, der nicht als eine Forderung aus einer Lieferung oder sonstigen Leistung bezeichnet werden kann. (Entschieden für einen Fall des Kriegssachschädenrechts.)

UmstG. § 21 Abs. 4.

I. Zivilsenat. Urt. v. 13. April 1950 i. S. K. & Co. (Bekl.) w. N. und P. AG. (Kl.). I ZS 105/49.

I. Landgericht München-Gladbach.
II. Oberlandesgericht Düsseldorf.

Die Klägerin verlangt von der Beklagten Zahlung von 492,35 DM für 10 t Natron-Leichtkrepp-Papier, das zu einer Kriegslieferung verwendet werden sollte. Sie behauptet, zwischen den Parteien sei es zu einem Vertrag gekommen, der Lieferung ab Werk Krappitz/Oberschlesien vorgesehen habe und zu Geschäftsbedingungen zustande gekommen sei, deren § 4 laute: „Ist die Absendung der Ware wegen Warenmangels, Streckensperre, behinderter Schiffahrt oder sonstiger Umstände nicht möglich, so können die Waren für Rechnung des Käufers auf das Fabriklager genommen werden. Die Ware wird dann berechnet." Die Klägerin stellte die Ware fertig und lagerte sie Ende 1944 bei sich ein, weil die Reichsbahn die Ausführung der Versendung ablehnte. Die Russen besetzten das Werk im März 1945. Die Beklagte hat eingewandt, die Geschäftsbeziehungen seien nicht Vertragsbestandteil geworden, ferner habe sie vom Reich keine Zahlung erhalten (§ 21 Abs. 4 UmstG.).

Das Landgericht gab der Klage statt. Berufung und Revision hatten keinen Erfolg.

Aus den Gründen:

1. Nicht zu beanstanden ist die Annahme des Berufungsrichters, die Klägerin habe ihre Geschäftsbedingungen in der Auftragsbestätigung vom 9. Dezember 1944 wirksam zum Inhalt ihrer Erklärung gemacht. Unten auf der Vorderseite der Auftragsbestätigung steht in gut lesbarer Schrift: „Maßgebend sind unsere umstehenden Lieferungsbedingungen." Die Ansicht der Revision, nur unterschriftlich gedeckte allgemeine Geschäftsbedingungen könnten Vertragsinhalt werden, ist unrichtig und findet auch in den von ihr zitierten Entscheidungen des Reichsgerichts (Bd. 133 S. 338; SeuffA. Bd. 83 Nr. 202; JW. 1925 S. 780) keine Rechtfertigung. Auch außerhalb des Textes der eigentlichen Erklärung stehende Hinweise auf allgemeine Geschäftsbedingungen können die Bedeutung haben, daß diese Bedingungen zum Inhalt der Erklärung erhoben werden; Voraussetzung ist nur, daß derartige Hinweise deutlich und an sichtbarer Stelle angebracht werden. Hier wird der Hinweis auf die Lieferungsbedingungen der Klägerin vom Blick mit eingefangen, wenn man die Auftragsbestätigung bis zum vorgedruckten Namen der Klägerin vor den Unterschriften oder gar bis zu diesen liest. Zwischen dem vorgedruckten Namen der Klägerin und dem Hinweis auf ihre Lieferungsbedingungen bleibt nur ein kleiner Zwischenraum für die Unter-

schriften, deren nach unten gezogene Buchstaben an und über den Hinweis auf die Lieferungsbedingungen heran- und hinwegreichen . . .

2. Der Beklagten steht das Leistungsverweigerungsrecht des § 21 Abs. 4 UmstG. nicht zu. Unstreitig ist es zu einer Lieferung oder Leistung an das Reich oder zu seinen Gunsten nicht gekommen. Daß die Beklagte gleichwohl die von der Klägerin begehrte Leistung verweigern dürfe, kann der Revision nicht zugegeben werden. Die vorliegende Sache bietet keinen Anlaß, dazu Stellung zu nehmen, ob grundsätzlich auch nicht ausgeführte Rüstungsaufträge das Leistungsverweigerungsrecht des § 21 Abs. 4 UmstG. geben können. Es braucht auch nicht die Frage entschieden zu werden, ob unausgeführt gebliebene Lieferungsaufträge des Reiches durch die Einstellung der Feindseligkeiten oder durch das Verbot der Rüstungsfertigung als im Sinne der Restabgeltungsanordnung vom 14. Juli 1944 (RAnz. Nr. 160) widerrufen anzusehen sind und ob Ansprüche auf Grund dieser Anordnung Forderungen aus einer Lieferung oder sonstigen Leistung im Sinne des § 21 Abs. 4 UmstG. darstellen. Hätte die Beklagte das Reich beliefern wollen, nachdem sie das Papier der Klägerin nicht heranbekam, so hätte sie sich anderweit mit Papier eindecken müssen und ihre Kosten für das Papier der Klägerin dem Reich nicht in Rechnung stellen dürfen, gleichviel ob ihre Rechtsbeziehungen zum Reich auf einem Vertrag beruhten oder sich nach dem Reichsleistungsgesetz regelten. Erst mit dem Verlust des bei der Klägerin bestellten Papiers erwuchs der Beklagten ein Ersatzanspruch gegen das Reich, da sie den Kaufpreis zu bezahlen hatte, ohne daß sie die Ware erhielt. Dieser Anspruch kann nicht als ein Anspruch aus einer Lieferung oder sonstigen Leistung bezeichnet werden, da er infolge des Verlustes der Ware und unabhängig davon entstand, ob die Klägerin in einer Lieferungs- oder Leistungsbeziehung zum Reich stand oder nicht (vgl. für einen anderen Fall eines Ersatzanspruchs gegen das Reich OGHZ. Bd. 3 S. 343 ff.). § 21 Abs. 4 UmstG. gibt ein Leistungsverweigerungsrecht nicht beim Ausfall mit jedem beliebigen Anspruch gegen das Reich, sondern nur beim Ausfall mit einer Forderung aus einer Lieferung oder sonstigen Leistung. Die ursprünglichen Rechtsbeziehungen

der Beklagten zum Reich gestatten es nicht, das Reich damit zu belasten, daß das Papier der Klägerin nicht mehr versandt werden konnte. Das ist wegen des eingetretenen Schadens nur auf Grund der Kriegsschädenregelung möglich.

Ob die Beklagte noch neben dem Kriegsschädenersatzanspruch einen Anspruch gegen das Reich auf Grund der Restabgeltungsanordnung erlangen konnte, wenn sie sich nach dem Ausbleiben oder dem Ausfall der Ware der Klägerin einen neuen Papierscheck verschaffte und anderweit eindeckte, kann dahinstehen, da dieser Fall nicht eingetreten ist und dann außerdem nur der andere Lieferant und nicht die Klägerin als Vorlieferant im Sinne des § 21 Abs. 4 UmstG. in Frage käme.

---

64. 1. Kommt das erbbiologische Gutachten zu dem Ergebnis, daß das beklagte Kind nicht von dem Kläger, sondern von dem Dritten erzeugt ist, so kann die offenbare Unmöglichkeit der Abstammung des Kindes vom Kläger auch dann bejaht werden, wenn der Sachverständige bei seiner mündlichen Vernehmung ohne nähere Begründung erklärt, er könne die Abstammung nicht „mit an Sicherheit grenzender Wahrscheinlichkeit", sondern nur mit einer auf ca. 80 % geschätzten Wahrscheinlichkeit verneinen.

2. Beweislast für die Kenntnis im Sinne des § 1594 BGB.

BGB. §§ 1591, 1594; FamRÄndG. § 26.

II. Zivilsenat. Urt. v. 19. April 1950 i. S. Vater G. (Kl.) w. Sohn G. (Bekl.). II ZS 186/49.

I. Landgericht Bremen.
II. Oberlandesgericht Hamburg.

Der Beklagte ist am 8. Januar 1937 von der damaligen Ehefrau des Klägers geboren worden; die Ehe wurde am 16. Februar 1939 rechtskräftig geschieden. Der Kläger hat behauptet, die Mutter des Beklagten habe während der Empfängniszeit (12. März bis 12. Juli 1936) außer mit ihm auch mit S. Geschlechtsverkehr gehabt; er habe hiervon erst Pfingsten 1938 Kenntnis erhalten. Der Kläger ficht nunmehr mit der am 21. Januar 1939 erhobenen Klage die Ehelichkeit des Beklagten an, weil es den Umständen nach unmöglich sei, daß seine damalige Ehefrau den Beklagten von ihm empfangen habe.

Er hat beantragt, festzustellen, daß der Beklagte nicht sein eheliches Kind ist.

Der Beklagte hat Klageabweisung beantragt, sich zu den Klagebehauptungen mit Nichtwissen erklärt und ferner vorgetragen, daß der Kläger bereits im Mai 1936 durch seine Ehefrau von dem ehebrecherischen Verkehr mit S. Kenntnis erhalten habe. — Der Kläger hat das bestritten.

Der Kläger bestreitet nicht, in der Empfängniszeit Geschlechtsverkehr mit der Kindesmutter gehabt zu haben. Diese hat als Zeugin zugegeben, in der Empfängniszeit auch mit S. verkehrt zu haben. Die auf Anordnung des Landgerichts durchgeführte Blutgruppenuntersuchung hat weder den Kläger noch S. als Erzeuger ausgeschlossen.

Das Landgericht hat die Klage abgewiesen. Es sieht nach der Beweisaufnahme nicht als erwiesen an, daß der Kläger früher als Pfingsten 1938 von dem Ehebruch mit S. erfahren habe. Es hält daher die Frist des § 1594 BGB. für gewahrt, hält aber den Beweis für die offenbare Unmöglichkeit im Sinne des § 1591 BGB. nicht für erbracht.

Das Berufungsgericht hat eine erbbiologische Untersuchung angeordnet. Das Gutachten kommt zu dem Schluß, daß der Beklagte von dem Zeugen S. erzeugt ist. Nach Eingang des Gutachtens hat der Pfleger des Beklagten erklärt, daß Einwendungen gegen die Richtigkeit des Gutachtens und gegen die Klage nicht mehr erhoben würden.

Der Sachverständige ist vor dem Berufungsgericht mündlich vernommen worden und hat nach dem Tatbestand des Berufungsurteils erklärt: „mit an Sicherheit grenzender Wahrscheinlichkeit könne er nicht sagen, daß der Beklagte nicht vom Kläger erzeugt sei. Die Wahrscheinlichkeit sei ca. 80 %."

Daraufhin hat das Berufungsgericht die Berufung zurückgewiesen.

Die Revision führt zur Aufhebung des Berufungsurteils, da dieses zu Unrecht den Beweis der offenbaren Unmöglichkeit für die Vaterschaft des Klägers als nicht erbracht angesehen habe. Die Sache wurde nur deshalb zurückverwiesen, weil wegen der Frage der Anfechtungsfrist noch tatsächliche Feststellungen erforderlich waren.

Aus den Gründen:

I.

1. Der Sachverständige hat in seinem erbbiologischen Gutachten eine ganze Reihe von Einzelgründen angeführt, die gegen eine Vaterschaft des Klägers und für eine Vaterschaft des Zeugen S. sprechen. Bei den Augen erscheint „die Vaterschaft des Zeugen S. möglich, bezüglich der Brauen sogar durchaus möglich", für die Vaterschaft des Klägers „fand sich nach dem Ähnlichkeitsvergleich kein Anhalt". Nach den Merkmalen des Ohres „ähnelt das Kind so deutlich dem Zeugen S., daß hiernach die Vaterschaft eher wahrscheinlich als unwahrscheinlich ist. Mit dem Kläger ließen sich am Ohr keine Übereinstimmungen zu dem Kind ermitteln". Auch bei dem Antlitz findet der Sachverständige Übereinstimmungen und Unterschiedlichkeiten, die „abermals für die Vaterschaft des Zeugen S." sprechen. Die Merkmale des Kopfes und des Gesichts geben dem Sachverständigen keinen Hinweis für die Vaterschaft des Klägers, „während andererseits die teilweise sehr beträchtliche Ähnlichkeit zwischen dem beklagten Kind und dem Zeugen S. in höherem Maße für dessen Vaterschaft spricht". Abschließend führt der Sachverständige aus, „daß sich der erbbiologische Sachverständige aus wissenschaftlichen Erwägungen mitunter mehr zurückhalten muß bei einer Sachlage, die den Richter den Beweis offenbarer Unmöglichkeit für erbracht halten läßt"; er kommt zu dem Schluß, daß der Beklagte von dem Zeugen S. erzeugt ist.

2. Die vom Berufungsgericht übernommenen Ergebnisse des schriftlichen Gutachtens, nach denen erhebliche Ähnlichkeiten zwischen S. und dem Beklagten, dagegen keine Ähnlichkeiten zwischen dem Kläger und dem Beklagten bestehen, genügen den Anforderungen, die der Oberste Gerichtshof (OGHZ. Bd. 3 S. 111 ff. [113 f.]) in Übereinstimmung mit dem Reichsgericht (DR. 1940 S. 800[17]) an den Beweis der „offenbaren Unmöglichkeit" stellt. Das Berufungsgericht spricht sich nicht mit voller

Deutlichkeit darüber aus, ob es dieser Auslegung des § 1591 BGB. an sich beitreten will; es lehnt die offenbare Unmöglichkeit für den gegebenen Fall mit der Begründung ab, daß nach der mündlich geäußerten Meinung des Sachverständigen eine etwa mit 20 % zu bewertende Möglichkeit für die Erzeugerschaft des Klägers bestehe. Wenn wirklich ein solches Maß der Möglichkeit vorhanden wäre, dann wäre dem Berufungsgericht darin zu folgen, daß die offenbare Unmöglichkeit nicht bewiesen ist. Bei seinen Erwägungen mißt jedoch das Berufungsurteil der nicht näher begründeten Schätzung des Sachverständigen auf ca. 80 % Wahrscheinlichkeit, die im Gegensatz zu der von ihm formelmäßig geprüften „an Sicherheit grenzenden Wahrscheinlichkeit" stehen soll, eine ihr nicht zukommende Bedeutung bei. Eine „mathematische" Sicherheit hat der Senat (OGHZ. Bd. 3 S. 114) abgelehnt. Auf ein derartiges Verlangen läuft aber der Gedankengang des Berufungsgerichts hinaus. Da es ausdrücklich feststellt, der Sachverständige habe bei den von ihm geprüften Merkmalsgruppen keine Übereinstimmung zwischen dem Beklagten und dem Kläger gefunden, die für eine Vaterschaft des Klägers sprächen, so könnten die mündlichen Ausführungen des Sachverständigen demgegenüber nur dann eine Bedeutung haben, wenn sich daraus entnehmen ließe, daß der Sachverständige das Ergebnis seiner schriftlichen Begutachtung habe einschränken wollen. In diesem Falle wäre eine Ergänzung des schriftlichen Gutachtens oder die Erhebung sonstiger Beweise geboten gewesen. Da das Berufungsurteil über die Möglichkeit einer solchen Einschränkung nichts enthält, so kann es nur dahin ausgelegt werden, daß die tatsächlichen Feststellungen des Sachverständigen zwar der Entscheidung zugrunde gelegt, seine aus diesen Feststellungen gezogenen Schlußfolgerungen aber einer mathematischen Formel angepaßt und in eine Schablone gepreßt werden sollten, deren Anwendung der Senat in Übereinstimmung mit dem Reichsgericht ablehnt.

Wegen dieses Rechtsirrtums war das Berufungsurteil aufzuheben. Bei der Entscheidung der Frage, ob hiernach die offenbare Unmöglichkeit einer Vaterschaft des Klägers zu bejahen ist, müssen sowohl die Äußerungen der Kindesmutter wie auch die Erklärungen des Pflegers über die Abstammung des Kindes und die Richtigkeit des Gutachtens außer Betracht bleiben. Maßgebend können nur die auf dem schriftlichen Gutachten des Sachverständigen beruhenden tatsächlichen Feststellungen des Berufungsgerichts sein; diese aber geben, wie erwähnt, dem Revisionsgericht die Grundlage, diese Frage selbständig im Sinne des Klägers zu entscheiden.

II.

Gleichwohl ist der Rechtsstreit nicht zur Entscheidung reif, weil auf Grund des festgestellten Sachverhalts nicht abschließend entschieden werden kann, ob der Kläger die Frist zur Erhebung der Anfechtungsklage gewahrt hat.

1. Zur Zeit der Geburt des Beklagten galt § 1594 BGB. noch in der ursprünglichen Fassung; die Frist zur Erhebung der Klage begann mit dem Zeitpunkt, in welchem der Kläger von der Geburt des Beklagten erfuhr. Da nichts dafür dargetan ist, daß dies nicht alsbald nach der Geburt geschehen ist, so war die Frist im Januar 1938 abgelaufen. Nach § 26 Abs. 2 des FamRÄndG. vom 12. April 1938 (RGBl. I S. 380) begann sie erneut von dem Zeitpunkt an zu laufen, in welchem der Kläger Kenntnis von den Umständen erlangte, die für die Unehelichkeit des Beklagten sprechen. Daß die Vorschriften dieses Gesetzes noch geltendes Recht sind, hat der Senat mehrfach entschieden (OGHZ. Bd. 2 S. 35 ff.; Bd. 3 S. 168 ff.); weder gegen die Geltung der neuen Fassung des § 1594 BGB. noch gegen die des § 26 des Gesetzes vom 12. April 1938 bestehen Bedenken.

2. Das Berufungsgericht hat zur Frage der Fristwahrung nicht selbst Stellung genommen, sondern lediglich über die Stellungnahme des Landgerichts berichtet. Es kann davon ausgegangen werden, daß das Berufungsgericht insoweit die tatsächlichen Feststellungen des Landgerichts übernehmen wollte, so daß diese der Entscheidung zugrunde gelegt werden können. Sie beruhen auf dem Satz, es sei nicht erwiesen, daß der Kläger früher als Pfingsten 1938 von dem Ehebruch der Mutter des Beklagten mit S. Kenntnis erlangt habe. Darin sieht die Revisionsbeantwortung zu Unrecht eine Verkennung der Beweislast durch das Landgericht. Die Frage der Beweislast im Sinne des Verhandlungsgrundsatzes tritt im Anfechtungsprozeß hin-

ter der richterlichen Ermittlungspflicht zurück. Aus der Natur der Sache ergibt sich, daß bei einer derartigen Ermittlung zunächst von den substantiierten Behauptungen desjenigen ausgegangen werden muß, der sich auf eine früher erlangte Kenntnis des Klägers beruft. Bleibt dabei das Ermittlungsergebnis zweifelhaft, so mag sich die Ungewißheit zu Lasten des Klägers auswirken. Ohne solche substantiierten Behauptungen werden aber der Kläger und das Gericht vor eine schlechthin unerfüllbare Aufgabe gestellt, wenn man vom Kläger den Beweis fordert, daß der von ihm behauptete und bewiesene Zeitpunkt seiner Kenntnis von den maßgebenden Umständen der früheste war, daß er also nicht schon zu einem anderen früheren Zeitpunkt die Kenntnis erlangt hat. Zu Unrecht beruft sich die Revisionsbeantwortung auf die Wiedergabe der amtlichen Begründung zu § 4 FamRÄndG. in RGRK. Anm. 3 zu § 1594 BGB. Die Stelle wird dahin wiedergegeben, „es werde künftig die Anfechtung durch den Ehemann nur dann als verspätet zurückgewiesen werden können, wenn nicht dargetan wird, daß der Mann die Umstände, die für die Unehelichkeit des Kindes sprechen, binnen Jahresfrist vor Erhebung der Anfechtungsklage ... erfahren hat". Es ist dem RGRK. a.a.O. dahin beizutreten, daß „damit wohl nichts Gegenteiliges gesagt sein soll"; und es kann deshalb unerörtert bleiben, ob es andernfalls möglich wäre, aus der Gesetzesbegründung irgendwelche Schlüsse zu ziehen.

(Folgen weitere Ausführungen.)

---

65. 1. Ein Versehen eines Rechtsanwalts kann auch dann die Wiedereinsetzung ausschließen, wenn es weder eine Verletzung seiner Berufspflicht noch eine Verletzung der im Verkehr erforderlichen Sorgfalt darstellt.

2. Versehen eines Rechtsanwalts, der als Prozeßpartei von einem andern Rechtsanwalt als Prozeßbevollmächtigtem vertreten wird.

ZPO. § 233.

II. Zivilsenat. Beschl. v. 28. April 1950 i. S. Dr. B. (Kl.) w. Deutsches Reich u. a. (Bekl.). II ZB 11/50.

I. Landgericht Hamburg.

II. Oberlandesgericht Hamburg.

Der Kläger war seit 1923 in Hamburg als Rechtsanwalt in Steuer- und Devisensachen tätig, er war mit anderen Rechtsanwälten, insbesondere dem Rechtsanwalt Dr. X. in einer Sozietät verbunden. Im Jahre 1937 wurde der Kläger durch das Sondergericht zu einer Geld- und Freiheitsstrafe verurteilt, die er verbüßt hat. Nach Beendigung des Krieges wurden die erkannten Strafen im Wiederaufnahmeverfahren teils herabgesetzt, teils erfolgte Freispruch. Das Wiederaufnahmeverfahren ist noch nicht abgeschlossen. Der Kläger ist wieder als Rechtsanwalt zugelassen, er übt die Praxis in der früheren Weise gemeinsam mit seinen früheren Sozien und einem weiteren Rechtsanwalt aus. Infolge der schwierigen Raumverhältnisse arbeiten aber nur zwei von den Rechtsanwälten in dem eigentlichen Büro, während Rechtsanwalt Dr. X. in einem anderen Büro arbeitet, der Kläger teils in einem der beiden Büros, teils in seiner Wohnung.

In dem vorliegenden Rechtsstreit macht der Kläger, der sich durch alle der Sozietät angehörenden Rechtsanwälte als Prozeßbevollmächtigte vertreten läßt, gegen die Beklagten als Gesamtschuldner Anspruch auf Ersatz des Schadens geltend, den er durch das Strafverfahren, die Verurteilung und ihre Folgen erlitten zu haben behauptet. Durch Urteil vom 2. Dezember 1949 wies das Landgericht die Klage ab.

Gegen dieses Urteil hat der Kläger mit einem am 7. Januar 1950 beim Oberlandesgericht eingegangenen, auf einem Bogen seiner Prozeßbevollmächtigten geschriebenen und von Rechtsanwalt Dr. X. unterzeichneten Schriftsatz Berufung eingelegt.

Am 13. Februar 1950 ging ein Schriftsatz vom 11. Februar 1950 ein, mit dem für den Kläger unter Beifügung einer von ihm selbst abgegebenen eidesstattlichen Versicherung Wiedereinsetzung in den vorigen Stand gegen die Versäumung der Berufungsbegründungsfrist beantragt wurde, die Berufungsbegründung selbst folgte am 20. Februar 1950.

Der Wiedereinsetzungsantrag wurde mit dem Vortrag folgenden Sachverhalts begründet: Da noch kein Bürovorsteher beschäftigt werden könne, so führe Dr. X. den Fristenkalender selbst. Dazu verwende er einen Kalender in dem üblichen langen schmalen Format, bei dem jede

Seite je einen Teil (oben) für Termine, (in der Mitte) für Wiedervorlage und (unten) für Fristen enthalte. Er habe nach Einreichung der Berufungsschrift die am 7. Febr. 1950 ablaufende Frist auch unter dem Stichwort „Dr. B. — Oberfinanzpräsident" für den richtigen Tag notiert, aber versehentlich nicht unten in dem Teil für Fristen, sondern oben in dem Teil für Termine. Daraus habe sich aber nur deshalb ein Irrtum ergeben, weil zufällig am gleichen 7. Februar vor dem Strafsenat des Oberlandesgerichts Termin in der Strafsache gegen den Kläger angestanden habe, zu dem der Kläger die Anwesenheit des Rechtsanwalts Dr. X. neben seinem Verteidiger erbeten habe. Bei der Durchsicht des Kalenders habe dann Rechtsanwalt Dr. X. den Vermerk im Terminkalender irrtümlich auf diesen Termin bezogen, zumal der Oberfinanzpräsident in dem Strafverfahren als Nebenkläger und Revisionsführer der eigentliche Gegner des Klägers gewesen sei. Es seien also hier zwei unglückliche Zufälle zusammengetroffen, die auf Grund der immer noch bestehenden wirtschaftlichen Schwierigkeiten einmal unterlaufen könnten. Der Kläger selbst sei in Zivilprozessen nicht tätig, lasse die wenigen ihm übertragenen Prozesse von seinen Sozien führen und widme sich ganz seiner außergerichtlichen Tätigkeit. Den vorliegenden Rechtsstreit habe der Kläger selbst sachlich vorbereitet, er habe aber die büromäßige Bearbeitung und prozeßtechnische Kontrolle dem Rechtsanwalt Dr. X. überlassen, der ihm versprochen habe, die Fristen zu überwachen; deshalb habe er sich in diesem Punkte ganz auf ihn verlassen. Die Ausarbeitung der Berufungsbegründung habe er rechtzeitig begonnen, sei aber durch die Ladung zu dem ihn geistig und seelisch völlig gefangennehmenden Termin in der Strafsache an der Fertigstellung verhindert worden. Die Art der Bearbeitung habe es mit sich gebracht, daß die Akten zwischen seiner Wohnung und dem Büro dauernd hin und her gegangen seien. Darauf sei es auch zurückzuführen, daß nicht rechtzeitig eine Verlängerung der Begründungsfrist beantragt worden sei.

Durch den angefochtenen Beschluß hat das Oberlandesgericht den Wiedereinsetzungsantrag zurückgewiesen. Das Gericht läßt es dahingestellt, ob das Versehen des Rechtsanwalts Dr. X. als Verschulden angesehen werden muß. Es sieht ein eigenes Verschulden des Klägers darin, daß dieser, selbst Rechtsanwalt, sich nicht um den Ablauf der Berufungsbegründungsfrist gekümmert und eine Fristverlängerung beantragt habe.

Die sofortige Beschwerde blieb insoweit erfolglos, als sie die Ablehnung der Wiedereinsetzung angreift.

Aus den Gründen:

1. Der Kläger wendet sich zunächst gegen die Ausführungen des Berufungsgerichts, die das Vorhandensein eines unabwendbaren Zufalls mit der Begründung verneinen, daß er selbst sich nicht um den Ablauf der Begründungsfrist gekümmert habe. Er weist darauf hin, daß der Zwang zur Begründung der Berufung innerhalb einer bestimmten Frist erst nach seiner Zulassung zur Anwaltschaft eingeführt worden sei; er habe von den einzelnen Formvorschriften keine Kenntnis gehabt und auch nicht zu haben brauchen. Da er durch Rechtsanwalt Dr. X. als Prozeßbevollmächtigten vertreten gewesen sei, so dürfe an seine eigene Sorgfaltspflicht kein strengerer Maßstab angelegt werden als an die eines Nichtrechtskundigen. Er stellt die Frage zur Nachprüfung, ob unter den gegenwärtigen Umständen mit der Notwendigkeit einer Spezialisierung der Anwaltschaft noch von jedem Rechtsanwalt die Kenntnis aller Rechts- und Formvorschriften zu erwarten und zu verlangen ist. Wie diese Frage vom Gesichtspunkt der Standespflicht aus zu beurteilen ist und ob eine solche Nichtkenntnis unter bestimmten Voraussetzungen nicht als Verschulden im Sinne des § 276 BGB. zu werten sein würde, bedarf indes für den vorliegenden Fall keiner Entscheidung, denn es kommt nur darauf an, ob das eigene Verhalten des Klägers so war, daß es die Fristversäumnis als einen unanwendbaren Zufall erscheinen läßt (§ 233 Abs. 1 ZPO.). Ein gewissenhafter Rechtsanwalt, der sich selbst auf einem Rechtsgebiet nicht genügend sicher fühlt, wird es als Berufpflicht empfinden, eine Tätigkeit auf diesem Gebiet entweder zu unterlassen oder, wenn dies nicht möglich ist, sich die erforderlichen Kenntnisse zu verschaffen. Dabei mag es seinem beruflichen Ermessen überlassen bleiben, ob er sich mit der Befragung eines auf dem fraglichen Gebiet erfahrenen anderen Rechtsanwalts begnügen, ob er besondere Er-

läuterungsbücher durcharbeiten oder einen weiteren Rechtsanwalt als Sonderfachmann hinzuziehen will. Das wäre aber hier nicht einmal nötig gewesen; der Kläger hätte durch einen Blick in jede beliebige Gesetzesausgabe den eindeutigen Wortlaut des § 519 ZPO. feststellen können; es hätte auch durchaus nahe gelegen, daß er seinen Prozeßbevollmächtigten bei den von ihm selbst geschilderten eingehenden Unterhaltungen anläßlich der Berufungseinlegung befragte, ob für die von ihm persönlich übernommene Ausarbeitung des Begründungsschriftsatzes eine bestimmte Frist eingehalten werden müsse. Die Unkenntnis des Klägers von der Frist für die Begründung der Berufung beruht hiernach nicht auf einem unanwendbaren Zufall. Es braucht daher nicht entschieden zu werden, ob es ein unabwendbarer Zufall gewesen wäre, wenn der Kläger diese Frist zwar gekannt, sie aber wegen der seelischen Belastung durch das Strafverfahren aus den Augen verloren hätte.

Es kann dem Kläger auch darin nicht gefolgt werden, daß ein durch einen Prozeßbevollmächtigten vertretener Rechtsanwalt im Sinne des § 233 ZPO. als Nichtrechtskundiger zu behandeln sei. Die Anforderungen, die an das einer Prozeßpartei vernünftigerweise zuzumutende Maß von Vorsicht und Sorgfalt zu stellen sind, sind nach einem subjektiven Maßstab zu bemessen (Stein-Jonas-Schönke Anm. II 1a a. E. zu § 233 ZPO.); sie müssen sich nach dem Bildungsgrade, der Lebensstellung und den Erfahrungen des einzelnen richten. Dabei kann der Kläger nicht geltend machen, daß seine Stellung als Rechtsanwalt außer Betracht bleiben müsse. Gerade seine Sondertätigkeit auf einem der schwierigsten Fachgebiete mußte ihm oft genug vor Augen geführt haben, wie notwendig die Hinzuziehung eines Sonderfachmannes ist; seine Tätigkeit bestand zu einem nicht unerheblichen Teile eben darin, daß er von anderen Rechtsanwälten auf seinem Fachgebiet beratend hinzugezogen wurde. Umso näher mußte es liegen, sich über die ihm nach seiner glaubhaften Erklärung fernliegenden Formvorschriften für die Berufung zu unterrichten.

Zweifelhaft könnte es hiernach nur sein, ob der Kläger deshalb die Anlegung eines anderen Maßstabes verlangen kann, weil die Erlebnisse in dem jahrelangen Kampf um seine menschliche und berufliche Existenz ihn so zermürbt hatten, daß man von ihm nicht mehr diejenige Vorsicht und Sorgfalt erwarten durfte, wie sie einem Rechtsanwalt bei der Führung eigener Rechtsstreitigkeiten obliegt. Diese Frage bedarf indes keiner abschließenden Entscheidung, weil auch aus einem anderen Grunde das Vorhandensein eines unabwendbaren Zufalls zu verneinen ist.

2. Es soll nicht verkannt werden, daß die zeitbedingten Schwierigkeiten räumlicher und wirtschaftlicher Art, unter denen das deutsche Volk leidet, sich auf die Berufstätigkeit der Rechtsanwälte ganz besonders auswirken. Die Hemmung wird vor allem für solche älteren und erfahrenen Rechtsanwälte zu schweren Störungen führen, die an die ruhige und sorgfältige Arbeit in einem gut eingerichteten und mit allen erforderlichen Hilfskräften und Hilfsmitteln eingerichteten Büro gewöhnt waren und gerade infolge der Entlastung von allem Beiwerk sich ihrer eigentlichen Aufgabe mit besonderer Sorgfalt und besonderem Erfolg widmen konnten. Für einen Rechtsanwalt, der sich auf diesem Wege ein über den Durchschnitt hinausragendes Ansehen errungen hat, ist es eine schwer tragbare innere und äußere Belastung, wenn er infolge der Zeitumstände gezwungen ist, Kanzlei- und Büroarbeiten selbst zu erledigen und den Fristenkalender selbst zu führen. Gerade bei der Führung dieses Kalenders kann die Versuchung naheliegen, sich in weitem Umfange auf das in langer Berufsarbeit geschulte Gedächtnis zu verlassen und die Eintragungen im Fristenkalender nur als Stütze des Gedächtnisses zu benutzen. Wenn ein solcher erfahrener Rechtsanwalt dann einmal, wie es hier geschehen ist, eine Eintragung versehentlich in einer unrichtigen Spalte vermerkt, so wird niemand daraus einen Anlaß entnehmen, ihm den Vorwurf einer unsorgfältigen Ausübung des Berufs zu machen. Es mag auch zweifelhaft sein können, ob die im Verkehr erforderliche Sorgfalt dadurch verletzt wird, zu der der Rechtsanwalt gegenüber dem Auftraggeber verpflichtet ist. Entscheidend ist aber auch hier, ob Rechtsanwalt Dr. X. über die verkehrsübliche Sorgfalt hinaus alles getan hat, was vernünftigerweise erwartet werden konnte. Der Umstand, daß es sich um einen den Durchschnitt auch

seiner Praxis erheblich übersteigenden Streitwert und um die Existenz eines mit ihm seit Jahrzehnten zusammenarbeitenden Kollegen handelte, daß er dessen seelische Belastung und auch seine geringe Erfahrung in der Führung von Zivilprozessen kannte, mußte dazu führen, daß er dieser Sache eine ganz besondere Aufmerksamkeit widmete. Die besonderen Umstände mußten ihn veranlassen, den Kläger von sich aus von vornherein auf die Notwendigkeit hinzuweisen, die Berufungsbegründung fristgemäß einzureichen oder eine Verlängerung der Frist zu beantragen.

Aus seiner Schilderung ergibt sich, daß er die Eintragung im Terminkalender machte, ohne dabei den Zweck der Frist (z. B. als Notfrist) zu kennzeichnen. Die Verwechslung mit dem Termin konnte ferner nur dann vorkommen, wenn er die Gewohnheit hatte, die Termine ohne Angabe der Terminsstunde und des Terminsorts einzutragen, denn andernfalls hätte ihm bei Durchsicht des Kalenders deren Fehlen auffallen müssen. Auch diese Vereinfachungen der Eintragungen brauchen für einen Rechtsanwalt mit gutem Berufsgedächtnis keine Verletzung beruflicher Sorgfaltspflichten zu enthalten, aber er nimmt damit die Gefahr solcher verhängnisvollen Irrtümer in Kauf, wie sie hier für die Versäumung der Frist ursächlich geworden sind. Eine so bedingte Fristversäumung beruht nicht mehr auf einem unabwendbaren Zufall.

Deshalb ist dem angefochtenen Beschluß darin beizutreten, daß die Voraussetzungen für die Wiedereinsetzung in den vorigen Stand nicht dargetan sind.

---

66. 1. Bei einem auf § 44 EheG. gestützten Scheidungsbegehren ist das Verhalten des klagenden Ehegatten nicht nach § 43 Satz 2 EheG., sondern im Rahmen der nach § 47 EheG. vorzunehmenden Prüfung zu berücksichtigen.

2. Zur Frage der sittlichen Rechtfertigung des Scheidungsbegehrens.

EheG. §§ 43, 44, 47.

II. Zivilsenat. Urt. v. 5. Mai 1950 i. S. Ehefrau I. (Bekl.) w. Ehemann I. (Kl.). II ZS 220/49.

I. Landgericht Hamburg.
II. Oberlandesgericht Hamburg.

Das Landgericht hat die Scheidung wegen Geisteskrankheit der Beklagten ausgesprochen. Das Berufungsgericht hat die Berufung der Beklagten zurückgewiesen, indem es nicht Geisteskrankheit, aber den Tatbestand des § 44 EheG. feststellt. Die Revision führte zur Zurückverweisung.

Aus den Gründen:

Die Revision vertritt die Meinung, daß auch eine Scheidung aus § 44 EheG. nicht ausgesprochen werden dürfe, wenn ohne die geistige Störung die Scheidung nach § 43 Satz 2 nicht gefordert werden könnte. Sie befindet sich damit in Übereinstimmung mit der Meinung des Reichsgerichts (RGZ. Bd. 171 S. 286), die im Schrifttum z. B. von v. Godin (Anm. 5 zu § 44 EheG.) gebilligt wird. Für diese Meinung wird angeführt, daß man ohne Heranziehung des § 43 Satz 2 EheG. den kranken Ehegatten im Ergebnis schlechter stellen würde als einen gesunden Ehegatten, daß man ihn zwingen würde, die ihm infolge seiner geistigen Erkrankung nicht zuzurechnenden Handlungen entgegen den Klagbehauptungen selbst als schuldhaft und zurechenbar zu bezeichnen, um eine Berücksichtigung der Verfehlungen des andern zu erreichen. Gegen diese Gesetzesauslegung spricht aber einmal das Fehlen einer entsprechenden Verweisung in § 44 auf den zu einem anderen Gesetzesabschnitt gehörenden § 43, vor allem aber die Erwägung, daß der Beklagte nach § 47 EheG. das gleiche Ziel erreichen kann, das er nach § 43 Satz 2 a.a.O. erstreben könnte. Beide Gesetzesbestimmungen verbieten die Scheidung, wenn das Scheidungsbegehren sittlich nicht gerechtfertigt ist. Dabei stellt § 43 Satz 2 bestimmte Voraussetzungen nach der „Art der Verfehlung" auf, während § 47 EheG. lediglich Beispiele gibt. Hieraus ergibt sich, daß gegenüber einer auf § 44 EheG. gestützten Klage eine Prüfung der sittlichen Rechtfertigung nicht nach § 43 Satz 2 EheG., sondern nach § 47 EheG. zu erfolgen hat. Daß in *diesem* Rahmen auch das Verhalten des klagenden Ehegatten gewürdigt werden kann, unterliegt keinem Zweifel und ist auch vom Berufungsgericht nicht verkannt worden.

Auch die Grundsätze, nach denen das Berufungsgericht die Frage der sittlichen Rechtfertigung des Scheidungsbegehrens (§ 47 EheG.) geprüft hat, halten der rechtlichen Nachprüfung stand.

a) Eine „außergewöhnliche Härte" ist eine solche, die über die mit der Scheidung gewöhnlich verbundenen Härten hinausgeht (RGZ. Bd. 160 S. 236 ff. [239]). Einen Ausgleich für die mit der Scheidung verbundenen wirtschaftlichen Nachteile sieht diese Entscheidung in der sich aus § 69 Abs. 2 EheG. 1938 (jetzt § 61 Abs. 2 EheG.) ergebenden Unterhaltspflicht des klagenden Ehegatten. Diese Ansicht ist in der späteren Entscheidung RGZ. Bd. 166 S. 188 ff. [192] aufgegeben worden. In der vom Berufungsgericht erwähnten Entscheidung RGZ. Bd. 160 S. 300 ff. [306] lehnt das Reichsgericht die Berücksichtigung solcher Folgen ab, die nicht auf der Scheidung selbst, sondern auf dem Scheidungsprozeß beruhen, die also durch eine Versagung der Scheidung nicht mehr vermieden werden können. Das Reichsgericht will die Möglichkeit, daß der Rechtsstreit die Heilung bei der Beklagten verzögert oder in anderer Form ihre Krankheit ungünstig beeinflußt haben könnte, „völlig ausscheiden". Hier wird auch die große Ähnlichkeit hervorgehoben, die sich im Ergebnis zwischen den Scheidungshindernissen der § 47 und § 48 Abs. 2 EheG. ergibt. Es „handelt sich letzten Endes allein um die Frage, ob die Scheidung oder ob die Aufrechterhaltung der Ehe sittlich gerechtfertigt ist.; deshalb kann die Prüfung auch in beiden Fällen nur zum gleichen Ergebnis führen. Dabei spielt es keine Rolle, daß § 47, mehr ins einzelne gehend, besondere Umstände anführt, die bei der Entscheidung der Frage zu berücksichtigen sind, während sich die Bestimmung des § 48 darauf beschränkt, das Wesen der Ehe und das gesamte Verhalten beider Ehegatten als Maßstab für die Entscheidung anzugeben".

b) Dieser Rechtsprechung schließt sich der Senat im Grundsatz an mit Ausnahme des Satzes, daß die Auswirkungen des Rechtsstreits als solche niemals berücksichtigt werden dürften. Es sind Fälle denkbar, in denen gerade das Verhalten eines Ehegatten im Rechtsstreit erhebliche Bedeutung für die sittliche Wertung des Scheidungsbegehrens haben kann. Ausnahmsweise kann es auch so liegen, daß die Auswirkungen des Rechtsstreits auf den Gesundheitszustand des beklagten Ehegatten eine besondere Berücksichtigung bei der sittlichen Wertung schon nach § 47 Satz 1 EheG. erfordern, so daß die Folgen der Auflösung der Ehe unter diesem Gesichtspunkt als besonders hart erscheinen können.

c) Die lange Dauer der Ehe und das Alter der Parteien hat das Berufungsgericht gewürdigt. Es hält dem Kläger zugute, daß er sich trotz frühzeitigen Auftretens der ersten Krankheitszeichen sehr um die Beklagte bemüht hat. Er hat sich nach seiner Darstellung, der das Berufungsgericht folgt, erst nach seiner Rückkehr aus der Gefangenschaft durch das weitere Fortschreiten der Krankheit allmählich zu einer anderen Einstellung entschlossen und 1948 die Klage eingereicht, nachdem er infolge der Vorgänge beim Besuch in der Heilanstalt die Hoffnung auf eine Besserung verloren hatte. Diese Umstände stehen dem Scheidungsbegehren ebensowenig entgegen wie die für die Beklagte unvermeidbare Folge, daß sie infolge der Scheidung die Hoffnung verliert, dereinst ihr Heim wiederzufinden. Diese seelische Belastung, die jeden ohne seine Schuld geschiedenen Ehegatten trifft, hat das Gesetz bewußt hinnehmen müssen; sie kann nicht als eine außergewöhnliche Härte im Sinne der vorstehenden Ausführungen angesehen werden.

Das Berufungsgericht stellt fest, daß der Kläger auch deshalb nach einer neuen Ehe strebt, weil die Ehe mit der Beklagten infolge deren auf ihrem Krankheitszustand beruhenden Verhaltens nicht mehr fortgesetzt werden kann. Darin kann ein sittlich zu mißbilligendes Verhalten nicht gesehen werden. Auch wenn er von seiner Absicht der Beklagten Kenntnis gegeben und dadurch eine Verschlimmerung der Krankheit hervorgerufen hat, mag das Verhalten ungeschickt und unzweckmäßig sein, es ist aber nicht mit dem von der Revision erwähnten Fall zu vergleichen, daß ein Mann sich zugunsten einer jüngeren Frau von seiner alternden Frau abwendet und sie verstößt.

Die von der Revision bekämpfte Meinung, daß Versorgungsansprüche allein keine sittliche Rechtfertigung für die Aufrechterhaltung der Ehe zu begründen vermögen, hat das Berufungsgericht nicht geäußert. Es würdigt ohne Rechtsirrtum die Lage des Falles dahin, daß sich die wirtschaftliche Lage der Beklagten durch eine Scheidung und Wiederverheiratung des Klägers nicht ändern werde. Die dieser Würdigung zugrunde liegende Feststellung, daß die Beklagte schon jetzt aus öffentlichen Mitteln unterhalten wird (und weiter unterhalten werden muß) und daß der Kläger dazu nur einen Beitrag leisten kann, tragen das Ergebnis.

---

67. 1. Welcher Ehegatte das Eigentum an während der Ehe angeschafftem Hausrat erwirbt, richtet sich grundsätzlich nicht nach gesellschaftsrechtlichen Bestimmungen (§ 718 BGB.), sondern, soweit nicht die Sondertatbestände der §§ 1357, 1370, 1381 f. BGB. vorliegen, nach der Willensrichtung des handelnden Ehegatten, wobei wesentlicher Anhalt für die Willensrichtung sein kann, von welchem Ehegatten die Mittel zur Anschaffung stammen.

2. Bis zum Beginn des zweiten Weltkrieges bestand keine Lebenserfahrung, daß bei Erwerb von Hausrat der Ehemann den Hausrat nicht für sich allein, sondern für beide Ehegatten gemeinsam zu Eigentum erwerben wollte. Etwas anderes läßt sich auch nicht aus § 8 der Hausratsverordnung entnehmen.

BGB. § 718, 1356, 1357, 1370, 1381, 1382; Sechste DurchführungsVO. zum Ehegesetz § 8.

II. Zivilsenat. Urt. v. 10. März 1950 i. S. Else K. (Bekl.) w. Franz K. (Kl.). II ZS 138/49.

I. Landgericht Hagen.
II. Oberlandesgericht Hamm.

Der Kläger ist der Schwiegervater der Beklagten, der Witwe seines im zweiten Weltkrieg gefallenen Sohnes. Der Kläger war seit 1915 verheiratet, seine Ehefrau ist am 3. Juli 1946 in Sch. verstorben. Die Eheleute K. hatten in Sch. ihre gemeinschaftliche Ehewohnung. Seit dem Jahre 1939 lebte der Kläger von seiner Frau getrennt. Seine Ehefrau, die in der ehelichen Wohnung in Sch. blieb, hat ihn durch letztwillige Verfügung enterbt und die Beklagte zur Alleinerbin eingesetzt.

Der Kläger begehrt die Feststellung seines Eigentumsrechts an den Hausrats-Gegenständen, die allein mit von ihm verdienten oder ihm anderweitig zugeflossenen Geldmitteln angeschafft worden sind. Die Beklagte hat um Klageabweisung gebeten. Sie hat geltend gemacht, daß der Kläger nie Alleineigentümer der Sachen gewesen sei. Denn auch wenn diese mit Geldmitteln des Klägers angeschafft worden seien, so sei im Hinblick auf die Tätigkeit seiner Ehefrau im Haushalt dennoch davon auszugehen, daß die während der Ehe erworbenen Gegenstände gemeinschaftliches Vermögen beider Ehegatten geworden seien. Der Kläger hat ausgeführt, seine Ehefrau habe im Haushalt nicht mehr getan, als was zu tun sie gesetzlich verpflichtet gewesen sei.

Landgericht und Oberlandesgericht haben das Eigentum des Klägers an den streitigen Gegenständen festgestellt. Die Revision der Beklagten wurde zurückgewiesen.

Aus den Gründen:

I. Das Berufungsgericht hat ausgeführt: Der Kläger sei von Anfang an Eigentümer der streitigen Gegenstände geworden. Die Eheleute K. hätten im gesetzlichen Güterstande gelebt. Geldmittel für die gemeinsame Lebensführung habe nur der Kläger verdient, während seine Ehefrau neben der ihr gesetzlich obliegenden Haushaltsführung (§ 1356 Abs. 2 BGB.) weder durch eigene Arbeit noch durch Zuwendungen von dritter Seite irgendwelche Mittel erworben habe, die für die Anschaffung von Hausrat im Laufe der Ehe hätten Verwendung finden können. In die Ehe habe die Frau so gut wie nichts eingebracht, so daß Surrogatanschaffungen nicht vorliegen könnten. Nach Lage der Sache müßten die gesamten Haushaltsgegenstände als mit Mitteln des Mannes angeschafft und daher als sein Eigentum angesehen werden, und zwar auch dann, wenn die Frau einzelne Stücke selbst im Geschäft, also nicht offen erkennbar für den Kläger, gekauft haben sollte. Weder aus dem Vortrag der Parteien noch aus der Beweisaufnahme entnimmt das Berufungsgericht Anhaltspunkte dafür, daß sich aus der Willensrichtung der Ehegatten beim Erwerb der Sachen oder aus sachenrechtlichen Gesichtspunkten etwas anderes ergäbe.

Auch aus § 8 Abs. 2 der Hausratsverordnung (Sechste DVO. zum EheG. vom 21. Oktober 1944, RGBl. I S. 256) will das Berufungsgericht nicht eine auf Grund allgemeiner Lebenserfahrung zu ziehende Schlußfolgerung dahin herleiten, daß Eheleute ohne besonderes Vermögen, die während der Ehe Mittel zur Anschaffung von Sachen für den Ehehaushalt gemeinsam ersparten, auch gemeinschaftliches Eigentum an den mit diesen Mitteln angeschafften Sachen erwürben. Die in der Hausratsverordnung für den Sonderfall der Auseinandersetzung zwischen geschiedenen Eheleuten aufgestellte Vermutung des gemeinsamen Eigentums hält das Berufungsgericht für den vorliegenden Fall durch die Feststellung des Alleineigentums des Mannes für widerlegt.

II. Diese Erwägungen tragen die angefochtene Entscheidung.

1. Die Revision meint in erster Linie, daß Eheleute, die ihre gemeinsame Wirtschaftsführung ohne eigenen Hausrat anfangen, diesen vielmehr erst im Laufe der Ehe allmählich anschaffen, zu einander in ein gesellschaftsrechtliches oder mindestens gesellschaftsähnliches Verhältnis treten, auf das § 718 BGB. entweder unmittelbar oder mindestens in Verbindung mit § 242 BGB. rechtsähnlich in dem Sinne zur Anwendung kommen müsse, daß der allein verdienende Ehemann seinen Arbeitsverdienst und die Ehefrau ihre Arbeit im Haushalt als Gesellschaftseinlagen einbringen und die von dem „geschäftsführenden" Ehemann für die „Gesellschaft" erworbenen Gegenstände kraft Gesetzes — § 718 BGB. — gemeinschaftliches Eigentum beider Ehegatten werden. Die sittliche Lebensgemeinschaft der Ehe auch nur in ihren vermögensrechtlichen Folgen ohne jeden tatsächlichen Anhaltspunkt für eine derartige rechtsgeschäftliche Willensrichtung — darin liegt der grundlegende Unterschied zu dem vom Reichsgericht in DR. 1944 S. 909 ff. behandelten Falle — einer bürgerlich-rechtlichen Gesellschaft gleichzustellen, widerspricht so völlig dem Wesen der Ehe, daß eine unmittelbare oder auch nur rechtsähnliche Anwendung gesellschaftsrechtlicher Gesichtspunkte auf die vermögensrechtlichen Beziehungen der Ehegatten untereinander grundsätzlich ausscheiden muß. Dies gilt umso mehr, als die vermögensrechtlichen Auswirkungen der Ehe in den Bestimmungen des ehelichen Güterrechts eine bis ins einzelne gehende und häufig vom Gesellschaftsrecht völlig abweichende Sonderregelung gefunden haben.

2. Mit Recht prüft daher das Berufungsgericht die Rechtslage lediglich vom Boden des gesetzlichen Güterstandes der Verwaltung und Nutznießung aus. Im Gegensatz zu den vertraglichen Güterrechten (§§ 1438, 1519, 1549 BGB.) enthalten die Vorschriften über den gesetzlichen Güterstand — abgesehen von den Sondertatbeständen der §§ 1357, 1370, 1381 f. BGB. — keine besonderen Bestimmungen über die Wirkung von Rechtshandlungen eines Ehegatten, die auf den Erwerb von Eigentum an beweglichen Sachen abzielen. Daraus ergibt sich, daß bestehendes Eigentum eines Ehegatten an einer Sache grundsätzlich durch die Eheschließung nicht berührt wird (vgl. OGHZ. Bd. 1 S. 235 ff. [237]) und daß jeder Ehegatte grundsätzlich unbeschränkt Eigentum für sich erwerben kann. Das rein familienrechtliche Verhältnis der Ehe schafft über die gesetzlichen Wirkungen des Güterstandes hinaus ohne besondere Vereinbarung (z. B. Auftrag, Gesellschaft, Treuhand usw.) keine Rechtsbeziehungen des einen Ehegatten zu Gegenständen, die der andere Ehegatte erwirbt. Wer Eigentum erwirbt, richtet sich nach allgemeinen Grundsätzen. Auf Seiten des Veräußerers werden in solchen Fällen der Hausratsbeschaffung vielfach die Grundsätze des Geschäfts, „wen es angeht" zur Anwendung kommen, während auf Seiten des Erwerbers die Willensrichtung des handelnd auftretenden Ehegatten dafür maßgebend ist, wer Eigentum erwirbt, der Mann, die Frau oder beide gemeinsam. Auf Grund der Beweisaufnahme stellt nun das Berufungsgericht tatsächlich fest, daß sämtliche unstreitig mit Mitteln des Klägers bezahlten Gegenstände auch mit dem Willen angeschafft worden sind, sie zu Eigentum des Klägers zu erwerben. Demgegenüber rügt die Revision Verletzung des § 286 ZPO. durch Verkennung der Beweislast und der Grundsätze des Anscheinsbeweises. Diese Rüge der Revision greift nicht durch. Der Kläger, der das Alleineigentum an den Sachen für sich in Anspruch nimmt, wuß zwar den Beweis dahin führen, daß die Sachen mit dem Willen angeschafft worden sind, sie zu seinem Eigentum zu machen. Wenn aber das Berufungsgericht bei der Beweiswürdigung vor allem der unstreitigen Tatsache entscheidende Bedeutung beigemessen hat, daß die Mittel für alle Anschaffungen allein vom

Kläger aus seinem Arbeitsverdienst und aus ihm bei Dritten offenstehenden Quellen zur Verfügung gestellt worden sind, so war dies nicht zu beanstanden. Nach der dem Bürgerlichen Gesetzbuch zu Grunde liegenden Rechtsanschauung (§ 1620) bringt üblicherweise die Frau die zur Führung des ehelichen Haushalts notwendige Einrichtung in die Ehe ein. Es ist aber unstreitig, daß im vorliegenden Fall die Frau des Klägers keine Aussteuer mitgebracht, auch während der Ehe nicht mitverdient und nicht über den Rahmen des § 1356 BGB. hinaus im Haushalt gearbeitet hat. Bei dieser Sachlage fehlt jeder Anhaltspunkt dafür, daß der Kläger, als er im Laufe der Jahre allmählich mit seinen Mitteln die Einrichtung anschaffte, diese auch nur anteilig seiner Ehefrau zuwenden wollte. Zuzugeben ist der Revision, daß die Eheleute beim Erwerb einzelner Sachen auch ohne die Form eines Güterrechtsvertrages und selbst durch schlüssige Handlungen hätten vereinbaren können, daß die zu erwerbende Sache gemeinschaftliches Eigentum beider Ehegatten werden sollte. Wer sich aber bei der gegebenen Sachlage auf eine solche Sonderveinbarung beruft, muß sie beweisen. Die Beklagte hat für keinen einzigen der streitigen Gegenstände einen derartigen Beweis auch nur angeboten. Die Revision beruft sich ebenfalls lediglich allgemein auf eine angebliche Lebenserfahrung in der Richtung, daß ein Ehemann unter derartigen Umständen bei Anschaffungen für den gemeinschaftlichen Haushalt den Willen habe, gemeinschaftliches Eigentum für beide Ehegatten zu erwerben. Für die Zeit, in der die streitigen Gegenstände angeschafft worden sind — 1915 bis äußerstens 1939, dem Zeitpunkt der Trennung der Eheleute —, ist aber jedenfalls eine derartige Lebenserfahrung nicht feststellbar, im Gegenteil war im Volke weitgehend die Auffassung vertreten, daß derjenige Ehegatte Eigentümer würde, von dem das Geld stammte. Inwieweit sich etwa im Laufe des Krieges und in der Nachkriegszeit unter dem Einfluß der völligen Veränderung der wirtschaftlichen und sozialen Verhältnisse und bei der großen Anzahl der ohne Vorhandensein einer wirtschaftlichen Grundlage und einer Aussteuer geschlossenen Ehen eine Wandlung angebahnt hat, brauchte mit Rücksicht auf die in Frage kommende Anschaffungszeit nicht untersucht zu werden.

Die Beklagte beruft sich für das Bestehen der von ihr behaupteten Lebenserfahrung weiter auf § 8 Abs. 2 der Hausratsverordnung vom 21. Oktober 1944 (RGBl. I S. 256) und die amtliche Begründung zu dieser Vorschrift DJ. 1944 S.278). Die Heranziehung der amtlichen Begründung verbietet sich im Hinblick auf die „Allgemeinen Auslegungsvorschriften" in Art. III Ziff. 6 des Gesetzes Nr. 1 des Obersten Militärbefehlshabers. Im übrigen verkennt die Revision den ausgesprochenen Sondercharakter dieser Verordnung und insbesondere ihres § 8. Nach ihrem klaren Wortlaut bezieht sich diese Vorschrift lediglich auf die (nach § 17 a.a.O. nicht einmal endgültige) Verteilung des Hausrats unter die Ehegatten nach Scheidung der Ehe, nicht aber auf Fälle der vorliegenden Art, in denen die Ehe durch Tod aufgelöst ist. Das geltende Bürgerliche Recht hat, wie seine nicht abgeänderten Bestimmungen zeigen, die in der Verordnung aufgestellte Vermutung für gemeinschaftlichen Erwerb der Eheleute, die praktisch für das Sondergebiet der Hausratsbeschaffung die Grundsätze der Errungenschaftsgemeinschaft in den gesetzlichen Güterstand einführen würde, n i c h t übernommen. Ob Bruns (MDR. 1948 S. 53), wie die Revision meint, wirklich diese Vermutung gemeinschaftlichen Eigentums auch auf gewöhnliche Prozesse ausdehnen will, erscheint fraglich. Wäre es der Fall, könnte ihm wegen des absoluten Sondercharakters der in der Hausratsverordnung getroffenen Regelung in Übereinstimmung mit Breithaupt (NJW. 1949 S. 370) nicht beigetreten werden. Auch die Hausratsverordnung kann daher von der Revision nicht zur Begründung einer die Beweiswürdigung des Berufungsgerichts erschütternden gegenteiligen Lebenserfahrung herangezogen werden, abgesehen davon, daß sie ja auch erst viele Jahre nach dem letzten in Betracht kommenden Anschaffungszeitpunkt erlassen ist. Auch wenn man der Revision darin folgen wollte, daß die Rechtsstellung der verheirateten Frau in vermögensrechtlicher Hinsicht, wie sie im Bürgerlichen Gesetzbuch und besonders beim gesetzlichen Güterstand der Verwaltung und Nutznießung geregelt ist, vielfach den heutigen Anschauungen nicht mehr entspricht und der tatsächlichen Bedeutung der Stellung der Frau im privaten und im öffentlichen Leben, wie sie auch im Grundgesetz anerkannt wird, nicht hinreichend Rechnung trägt (vgl. Müller NJW. 1947/48 S. 41 ff.; Kirstein a.a.O. S. 467/48; Breithaupt NJW. 1949 S. 370; neuestens Heitmann-Ascher, MDR. 1950 S. 201 ff.), kann es nur Sache des Gesetzgebers sein, das eheliche Güterrecht den durch die grundlegenden Umwälzungen der letzten vier Jahrzehnte eingetretenen Veränderungen der gesamten Lebensverhältnisse anzupassen. Der Richter hat das geltende Recht anzuwenden, und von diesem Boden aus sind die Bemühungen der Revision um ein nach heutigen Anschauungen vielleicht billigeres Ergebnis nicht zu vertreten.

---

68. 1. Der Anspruch auf Erfüllung eines Nachvermächtnisses richtet sich auch dann gegen den ersten Vermächtnisnehmer, wenn als Eigentümer des vermachten Grundstücks der Erbe eingetragen ist.

2. Bei der Anfechtung eines Testaments kann ein Anfechtungsgrund jedenfalls dann nicht nachgeschoben werden, wenn der Anfechtende bereits verstorben ist und die Aufhebung der letztwilligen Verfügung daher ihm nicht mehr zustatten kommen kann.

BGB. §§ 2074, 2080, 2082, 2174, 2190, 2191; Reichs- und StaatsangehG. §§ 4, 17 ff.

I. Zivilsenat. Urt. v. 27. April 1950 in S. F. (Kl.) w. St. (Bekl.). I ZS 35/49.

I. Landgericht Essen.
II. Oberlandesgericht Hamm.

Die Beklagte ist die alleinige Erbin ihres am 22. Juni 1927 verstorbenen Vaters, des Berginvaliden Ludger B.; sie wurde in dieser Eigenschaft als Eigentümerin seines Grundbesitzes, darunter eines Grundstücks, eingetragen. Dieses Grundstück hat Ludger B. in seinem notariellen Testament vom 10. November 1924 seiner am 5. Juni 1918 in Chikago geborenen Enkelin Hela vermacht. Das Testament sagt hierzu unter anderem: „Das Besitztum soll auf die Vermächtnisnehmerin bei ihrer Großjährigkeit oder ihrer Verheiratung mit einem deutschen Staatsangehörigen übergehen. Für den Fall, daß die Vermächtnisnehmerin die deutsche Staatsangehörigkeit bis zu ihrem

25. Lebensjahr nicht erlangt hat, erhält das genannte Besitztum mein Sohn Hermann August B." (§ 2). Dieser ist am 23. Sept. 1930 gestorben und von seiner Ehefrau, der Klägerin, als alleiniger Erbin beerbt worden. Sie sieht die zu Gunsten ihres verstorbenen Mannes getroffene Anordnung als ein Ersatzvermächtnis an und meint, Hela habe das Vermächtnis nicht erworben, weil sie im Jahre 1926 von amerikanischen Staatsangehörigen, den Eheleuten K., adoptiert worden, dadurch amerikanische Staatsbürgerin geworden sei und bis zur Vollendung ihres 25. Lebensjahres nicht die deutsche Staatsangehörigkeit zurückerworben habe; außerdem habe Hela am 10. August 1943, also zwei Monate nach Vollendung ihres 25. Lebensjahres, den amerikanischen Staatsangehörigen J. geheiratet. Die Klägerin verlangt Auflassung des Grundstücks und Löschung der von der Beklagten vorgenommenen Belastungen. Das Landgericht gab der Klage statt. Die Berufung der Beklagten führte zur Abweisung der Klage. Die Revision der Klägerin hatte keinen Erfolg.

Aus den Gründen:

1. Die Beklagte wäre passiv legitimiert, wenn ein Ersatzvermächtnis angeordnet wäre. Nach § 2190 BGB. gehört zu einem Ersatzvermächtnis, daß der Erblasser für den Fall, daß der zunächst Bedachte das Vermächtnis nicht erwirbt, den vermachten Gegenstand einem anderen zuwendet. Die Testamentsauslegung des Berufungsrichters, Hela habe das Vermächtnis ohne Rücksicht auf ihre Staatsangehörigkeit mit ihrer Großjährigkeit oder bei früherer Heirat mit einem Deutschen schon in diesem Augenblick erwerben sollen, ist möglich und daher der revisionsgerichtlichen Entscheidung zugrunde zu legen. Das Revisionsgericht hat daher davon auszugehen, daß Hela das Vermächtnis mit ihrer Volljährigkeit erwarb. Dadurch wird die Annahme eines Ersatzvermächtnisses ausgeschlossen.

In Betracht kommt dagegen Nachvermächtnis. Zu ihm gehört, daß der Erblasser den vermachten Gegenstand von einem nach dem Anfall des Vermächtnisses eintretenden bestimmten Zeitpunkt oder Ereignis einem Dritten zuwendet (§ 2191 BGB.). Diese Erfordernisse sind erfüllt. Ausgeführt ist bereits, daß das vermachte Grundstück zunächst an Hela fallen sollte. Wie das Berufungsgericht weiter annimmt, sollte das Vermächtnisgrundstück nicht schon mit dem Zeitpunkt, in dem Hela ihr 25. Lebensjahr vollendete, an Hermann August B. fallen, sondern nur unter der Voraussetzung, daß, wie § 2 des Testaments sagt, „die Vermächtnisnehmerin die deutsche Staatsangehörigkeit bis zu ihrem 25. Lebensjahr nicht erlangt hat."

Bei einem Nachvermächtnis gilt der erste Vermächtnisnehmer als beschwert (§ 2191 BGB.). Der Anspruch auf Erfüllung des Nachvermächtnisses (§ 2174 BGB.) richtet sich daher gegen den ersten Vermächtnisnehmer (RG. LZ. 1916 S. 1441 = Warn. Rspr. 1916 Nr. 54; RGRK. Anm. 1 zu § 2191; Soergel Anm. 1 zu § 2191; Palandt zu § 2191; Staudinger Anm. 2 zu § 2191). Hela ist daher diejenige, gegen die das von der Klägerin in Anspruch genommene Vermächtnis geltend gemacht werden muß. Die Beklagte ist nicht passiv legitimiert.

Daß sie und nicht Hela im Grundbuch als Eigentümerin des Grundstücks eingetragen ist, ändert entgegen der Ansicht der Revision nichts. Als Alleinerbin nach Ludger B. stand ihr das Grundstück für die Zeit zwischen dem Erbfall und dem Zeitpunkt, in dem Hela das Vermächtnis anfiel, zu. Gewiß kann Hela vor ihrer Eintragung im Grundbuch das Grundstück nicht ohne Mitwirkung der Beklagten auflassen. Das rechtfertigt jedoch nicht, der Klägerin einen unmittelbaren Anspruch gegen die Beklagte zu geben. Der Streit der Parteien geht darum, ob die Voraussetzung für den Anfall des vermachten Grundstücks an Hermann August B. eingetreten ist oder nicht. Das ist eine Frage, die das Verhältnis zwischen der Klägerin und Hela betrifft. Wenn § 2191 BGB. den ersten Vermächtnisnehmer als den Beschwerten bezeichnet, so legt ihm diese Vorschrift nicht bloß die Pflicht zur Erfüllung des Nachvermächtnisses auf, sondern gibt ihm damit zugleich die Möglichkeit in die Hand, sein Vermächtnis zu verteidigen, falls es von einem anderen in Anspruch genommen wird, ohne daß der Nachvermächtnisfall eingetreten ist. Man würde daher in die Rechtsstellung Hellas einbrechen und müßte der Klägerin zudem einen anderen Anspruch als den dem Nachvermächtnisnehmer nach den §§ 2191, 2174 BGB. zustehenden geben, wollte man die Beklagte deshalb für passiv legitimiert halten, weil sie im Grundbuch als Eigentümerin des Vermächtnisgrundstücks eingetragen ist. Gewiß konnte sich die Beklagte vor doppelter Inanspruchnahme dadurch schützen, daß sie Hela den Streit verkündete; diese Möglichkeit, die das Gesetz dem Beklagten gibt, kann aber nicht einen Anspruch schaffen, den die Klägerin, wenn überhaupt, nur gegenüber Hela hat. Die Revision meint, die Beklagte müsse für den erhobenen Anspruch deshalb passiv legitimiert sein, weil ihr die Klägerin durch einstweilige Verfügung untersagen lassen könne, das Grundstück zu veräußern oder zu belasten. Der Anspruch, der dem Nachvermächtnisnehmer aus der Gefährdung seines Rechts erwächst, kann für den Anspruch auf Erfüllung des Nachvermächtnisses nicht richtungweisend sein, da die Gefährdung auch von jemandem ausgehen kann, der außerhalb des gemäß § 2191 BGB. nur zwischen dem Nachvermächtnisnehmer und dem ersten Vermächtnisnehmer bestehenden Rechtsverhältnisses steht.

Da die Beklagte nicht passiv legitimiert ist, kommt es weder darauf an, ob, wie die Revision meint, die Voraussetzung für den Anfall des Grundstücks an Hermann August B. nach Inhalt und Sinn des Testaments eingetreten ist, noch darauf, ob, wie die Revisionsbeantwortung ausführt, der Nachvermächtnisfall unter einer Bedingung steht und die Klägerin die Rechte aus dem Nachvermächtnis deshalb nicht erwerben konnte (§ 2074 BGB.), weil Hermann August B. vor Klärung der Bedingung gestorben ist.

2. Das zu Gunsten von Hela angeordnete Vermächtnis ist entgegen der Ansicht der Revision nicht wirksam angefochten. Hermann August B. hat seine Anfechtung dieses Vermächtnisses damit begründet, daß Hela, obwohl sein leibliches Kind, von amerikanischen Gerichten wider seinen Willen Amerikanern als Kind gegeben worden und damit der Grund für das ihr zugedachte Vermächtnis entfallen sei. Im Vorprozeß hat der jetzige Ehemann der Klägerin geltend gemacht, wegen dieser Testamentsanfechtung sei das Grundstück nicht an Hela, sondern an Hermann August B. und im Erbgang an die Klägerin gefallen. Die Klage wurde vom Berufungsgericht abgewiesen, weil Ludger B. Hela auch bei Kenntnis der Adoption in der geschehenen Weise bedacht haben würde, da die Adop-

tion die Beziehungen zwischen Vater und Tochter nicht grundlegend geändert habe, denn Hela sei während des Getrenntlebens ihrer Eltern geboren, nie bei ihrem Vater gewesen und alsbald nach ihrer Geburt zu ihren Adoptiveltern gekommen. Da auf Leistung an die Klägerin geklagt war, wirkt die Rechtskraft des Vorprozeßurteils auch gegenüber der Klägerin (RGZ. Bd. 96 S. 97; Bd. 135 S. 294). Es steht damit rechtskräftig fest, daß die Anfechtung des Testaments keinen Anspruch gab.

Das ist auch die Ansicht der Revision. Sie meint jedoch, die von Hermann August B. erklärte Anfechtung könne nunmehr darauf gestützt werden, daß sich Hela vor Vollendung ihres 25. Lebensjahres mit einem Amerikaner verlobt und ihn zwei Monate nach Vollendung ihres 25. Lebensjahres geheiratet habe; Ludger B. würde sie nicht bedacht haben, wenn er von dieser Verlobung und ihrer Absicht, die deutsche Staatsangehörigkeit durch eine Heirat alsbald nach Vollendung ihres 25. Lebensjahres aufzugeben, gewußt hätte. Das Berufungsgericht hat keine Feststellung darüber getroffen, ob Ludger B. daran gedacht hat, Hela könne sich mit einem Ausländer vor Vollendung ihres 25. Lebensjahres verloben; nur bei positiver Vorstellung dieser Möglichkeit würde sich Ludger B. geirrt haben, nicht dagegen dann, wenn er an den eingetretenen Fall überhaupt nicht gedacht hätte (RGZ. Bd. 86 S. 206). Eine Feststellung dazu, ob sich Ludger B. geirrt hat, ist jedoch entbehrlich. Sein Testament ist nicht wegen des Verlöbnisses und der Heirat angefochten worden. Anders als bei der fristlosen Kündigung eines Dienstverhältnisses kann bei der Anfechtung eines Testaments ein Grund nicht nachgeschoben werden. Daß ein nach der Kündigung eingetretener Grund zur Auflösung eines Dienstverhältnisses verwertet werden kann, liegt an folgendem: Reicht der zunächst angegebene Grund zur sofortigen Auflösung eines Dienstverhältnisses nicht aus, so setzt es sich fort und beide Teile sind verpflichtet, sich vertragsgemäß zu verhalten; gibt der Gekündigte, obwohl er das Fortbestehen des Vertrages für sich in Anspruch nimmt, einen Grund, der die Auflösung des Dienstverhältnisses noch vor dem Ablauf der ordentlichen Kündigungsfrist rechtfertigt, so folgt aus der Unzumutbarkeit der Fortsetzung des Dienstverhältnisses, daß dieser Grund im Rechtsstreit über die Gültigkeit der ausgesprochenen fristlosen Entlassung so verwertet werden kann, als wenn seinetwegen erneut fristlos gekündigt worden wäre (RGZ. Bd. 142 S. 268 [272 mit Nachweisungen]; JW. 1937 S. 1148). Die Verwertung eines nachträglich eingetretenen Grundes für die Kündigung eines Dienstverhältnisses hängt nicht so sehr mit der Eigenart des Rechtsgeschäfts der Kündigung als vielmehr mit der Bedeutung des wichtigen Grundes und damit zusammen, daß die Fortsetzung eines gekündigten Dienstverhältnisses nach Eintritt eines wichtigen Grundes unzumutbar ist. Das verbietet eine Verallgemeinerung des für die Sofortkündigung von Dienstverhältnissen entwickelten Grundsatzes (RGZ. Bd. 142 S. 268 [273]). Die Anfechtung eines Testaments knüpft eng an den Anfechtungsgrund an; sie kann nur binnen Jahresfrist seit Kenntnis vom Anfechtungsgrunde erklärt werden (§ 2082 Abs. 2 BGB.). Nicht schon durch die Anfechtungserklärung als solche, sondern nur beim Vorliegen eines Anfechtungsgrundes kann eine letztwillige Verfügung vernichtet werden. Das Testament des Ludger B. hätte daher frühestens mit dem Eintritt eines wirksamen Grundes angefochten werden können. Der vorliegende Fall bietet keinen Anlaß, die Frage, ob bei einer Testamentsanfechtung Gründe nachgeschoben werden können, allgemein zu entscheiden. Nach § 2080 Abs. 1 BGB. kann eine letztwillige Verfügung nur von demjenigen angefochten werden, dem ihre Aufhebung unmittelbar zustatten kommen würde. Wenn das Verlöbnis Helas einen Grund zur Anfechtung des ihr zugedachten Vermächtnisses abgab, so kam der Wegfall ihres Vermächtnisses allenfalls der Klägerin, niemals aber Hermann August B. zustatten. Das Vermächtnis zu Gunsten Helas konnte daher, wenn überhaupt, nur durch eine Anfechtungserklärung der Klägerin vernichtet werden. Auch unter dem Gesichtspunkt der von Hermann August B. erklärten Anfechtung konnte die Klage daher keinen Erfolg haben.

---

69. Zum Testament durch mündliche Erklärung, hinsichtlich derer darüber gestritten wird, ob sich der Erblasser

noch, wenn auch nur durch undeutliches Sprechen, verständlich machen oder nur noch undeutlich lallen konnte.

BGB. §§ 2238, 2240, 2242, 2243, 2249; TestG. § 51; ZPO. §§ 160, 161, 286, 313 Abs. 1 Nr. 3, 415; Art. 200 EGBGB. Art. 56 Pr. AGBGB.

I. Zivilsenat. Urt. v. 11. Mai 1950 i. S. W. (Kl.) w. W. (Bekl.). I ZS 48/49.

I. Landgericht Bonn.
II. Oberlandesgericht Köln.

Aus den Gründen:

Das Berufungsurteil führt aus: Da der Erblasser vor dem Inkrafttreten des Testamentsgesetzes gestorben sei, beurteile sich sein Testament nach dem Bürgerlichen Gesetzbuch (§ 51 Abs. 1 TestG.). Das Testament sei vor dem zuständigen Bürgermeister (H.) und zwei Zeugen (K. und Johann St.) in Protokollform aufgenommen, das die Feststellung enthalte, daß die Besorgnis bestanden habe, die Errichtung eines Testaments vor einem Richter oder Notar werde nicht mehr möglich sein (§ 2249 BGB.). Das Testament sei in der Form der mündlichen Erklärung des letzten Willens (§ 2238 BGB. 1. Halbsatz) errichtet worden. Da das Protokoll feststelle, daß der Erblasser erklärt habe, daß er zur Unterschrift außerstande sei, weil ihm die Kraft fehle, habe das Testament nicht von ihm unterschrieben zu werden brauchen (§ 2242 Abs. 2 BGB.). Gültigkeitsbedenken seien auch nur in der Richtung erhoben worden, ob er seinen letzten Willen erklärt habe und ob er testierfähig gewesen sei. Das Protokoll über die Testamentserrichtung sei eine öffentliche Urkunde und begründe nach § 415 ZPO. vollen Beweis des beurkundeten Vorganges. Es sagt: „Er erklärte, vor mir ein Testament errichten zu wollen;" „Er erklärte, in der Verfügung über sein Vermögen nicht beschränkt zu sein und gab hierauf seinen letzten Willen, wie folgt, bekannt;" „Die Niederschrift wurde von dem Erblasser genehmigt." Das Protokoll beweise daher, daß der Erblasser seinen letzten Willen mündlich erklärt habe. Der Beweis unrichtiger Beurkundung sei zulässig und liege den Klägern ob. Die Vernehmung der drei Personen, die bei der Testamentserrichtung mitgewirkt hätten und dabei allein zugegen gewesen seien, habe ergeben, daß der Erblasser zwar erheblich am Sprechen behindert und es schwer gewesen sei, sich mit ihm zu verständigen, daß er aber seinen letzten Willen durch Laute, die zu verstehen gewesen und von den Anwesenden verstanden worden seien, und nicht bloß durch Zeichen mitgeteilt habe. Es sei ohne Bedeutung, daß er nicht in zusammenhängender Rede gesprochen habe und K. als Wortführer aufgetreten und es hauptsächlich gewesen sei, der sich mit dem Erblasser besprochen habe. Dies wäre an sich die Aufgabe des Bürgermeisters gewesen, es sei aber nicht festzustellen, daß er die Verhandlung K. überlassen habe. Vielmehr spreche der ganze Vorgang dafür, daß K., der sich persönlich und auch durch den Gebrauch des örtlichen Dialekts besser mit dem Erblasser habe verständigen können, lediglich bei der Verständigung geholfen habe. Diese Verständigung sei ausreichend gewesen. Daß die Erörterung anhand eines vorher aufgestellten Entwurfs vorgenommen worden sei, stehe nicht entgegen; die Aussagen der Testamentsbeteiligten ergäben, daß die einzelnen Bestimmungen eingehend mit dem Erblasser erörtert und einzelne Punkte, wie die Höhe der Vermächtnisse, noch geändert worden seien.

Johann St., der im fortgeschrittenen Alter stehe und dessen Aussagen den Eindruck gemacht hätten, daß er sich der Vorgänge von Anfang 1936 nach so langer Zeit nicht mehr genügend erinnere, gebe allerdings an, den Erblasser nicht verstanden zu haben. Wäre dies festzustellen, so wäre das Testament ungültig, denn es sei erforderlich, daß jeder Beteiligte den ganzen Vorgang verfolge und verstehe. Die Mitwirkung der Testamentszeugen beschränke sich insbesondere nicht auf die Anwesenheit, sondern solle die Gewähr dafür bieten, daß die Erklärungen des Erblassers richtig in das Protokoll aufgenommen würden. Die Aussage des Johann St. stehe aber im Widerspruch zu der glaubhaften Bekundung H.s, daß auch St. bei der in Platt geführten Unterhaltung mit dem Erblasser verschiedentlich dazwischen gesprochen habe. Dies zu tun, sei St. nur in der Lage gewesen, wenn er die Erklärungen des Erblassers verstanden habe. Daß sich der Erblasser mit der Krankenschwester Th., wie diese bekundet habe, nicht mehr durch Sprechen verständigt habe, stehe nicht entgegen, denn es sei gut denkbar, daß er sich hierbei nicht mehr der sicher schmerzhaften Mühe des Sprechens unterzogen habe, weil seine Wünsche auch so verstanden worden seien. Die Bekundung des behandelnden Arztes lasse offen, ob sich der Erblasser durch Lallen habe verständlich machen können. Wenn Lallen auch nur ein undeutliches Sprechen sei, so sei es doch ein Gebrauch der Sprache, und wenn sich der Erblasser auf diese Weise habe verständlich machen können, so reiche das aus. Der Senat sei der Überzeugung, daß sich H. und K. der Bedeutung und Wichtigkeit des Vorganges, an dem sie als Urkundsperson und Testamentszeuge mitgewirkt hätten, bewußt gewesen seien. Sie hätten auch die Schwierigkeit der Verständigung nicht verkannt. Wenn sich K. nachher dahin geäußert habe, er werde eine solche Testamentserrichtung nicht mehr mitmachen, so sei hieraus nicht zu folgern, er habe die Meinung gehabt, das errichtete Testament sei nicht in ordnungsmäßiger Weise zustande gekommen. Die Äußerung lasse vielmehr die Deutung zu, daß man sich in Zukunft solche Schwierigkeiten ersparen wolle. Aus allen diesen Gründen sei nicht der Beweis erbracht, daß der Erblasser seinen Willen nicht erklärt habe.

Der Berufungsrichter hat die in Betracht kommenden Rechtsgrundsätze nicht verkannt. Ein Testament kann in der Weise errichtet werden, daß der Erblasser seinen letzten Willen vor einem Richter oder Notar mündlich erklärt (§ 2238 BGB.). Ist zu besorgen, daß der Erblasser früher sterben werde, als die Errichtung eines Testaments vor einem Richter oder Notar möglich ist, so kann er das Testament vor dem Vorsteher der Gemeinde, in der er sich aufhält, errichten; der Vorsteher muß zwei Zeugen zuziehen; die Vorschriften der §§ 2234 bis 2246 BGB. finden Anwendung; der Vorsteher tritt an die Stelle des Richters oder Notars (§ 2249 Abs. 1 BGB.). Über die Errichtung des Testaments muß ein Protokoll aufgenommen werden (§ 2240 BGB.), das vorgelesen, von dem Erblasser genehmigt und von ihm eigenhändig unterschrieben werden muß (§ 2242 Abs. 1 Satz 1 BGB.). Im Protokoll muß festgestellt werden, daß dies geschehen ist (§ 2242 Abs. 1

Satz 2 BGB.). Erklärt der Erblasser, daß er nicht schreiben könne, so wird seine Unterschrift durch die Feststellung dieser Erklärung im Protokoll ersetzt (§ 2242 Abs. 2 BGB.). Wer nach der Überzeugung des beurkundenden Beamten am Sprechen verhindert ist, kann das Testament nur durch Übergabe einer Schrift errichten (§ 2243 Abs. 1 Satz 1 BGB.). Wie die §§ 2238, 2243 BGB. ergeben, erfordert ein durch mündliche Erklärung des Erblassers errichtetes Testament eine durch Sprechen — das ist durch lautliche Wortbildung — abgegebene Erklärung. Die gesprochenen Worte müssen von der Urkundsperson und den beiden zugezogenen Zeugen als Wort bestimmten Inhalts verstanden werden (RGZ. Bd. 108 S. 397 [400/401]). Die Verwendung eines nach Angabe dritter Personen gefertigten Entwurfs ist zulässig; es genügt, wenn der Erblasser zu einem ihm verlesenen Testamentsentwurf ja sagt (OGHZ. Bd. 2 S. 45 [48/49]). Es würde daher ausgereicht haben, wenn der Erblasser nach Verlesung des fertiggestellten Testaments ja gesagt haben würde. Das stellt der Berufungsrichter nicht fest; er hält aber für erwiesen, daß W. „durch Laute, die zu verstehen waren und von den Anwesenden verstanden worden sind, und nicht nur durch Zeichen" seinen letzten Willen mitgeteilt habe und daß die einzelnen Anordnungen eingehend mit ihm erörtert worden seien, was zu Änderungen insbesondere in der Höhe der Vermächtnisse geführt habe. Legt man diese Feststellungen zugrunde, so ist davon auszugehen, daß der Erblasser seinen letzten Willen vor und zur Fertigstellung des Protokolls erklärt hat und darin von der Urkundsperson und den zugezogenen Zeugen verstanden worden ist. Daß die mitwirkenden Personen den Erblasser zu seiner Schonung, durch die von ihnen selbst gebrachten Aufklärungen, Fragen und Hinweise vom eigenen Sprechen entlasteten und die Verständigung unter Zuhilfenahme von Zetteln und Gebärden vor sich ging, ist unschädlich. Zu einem Testament durch mündliche Erklärung gehört nicht, daß der Erblasser seinen Willen Wort für Wort spricht. Die Erklärung kann vielmehr auch im Wege der Rede und Gegenrede, Frage und Antwort zum Ausdruck gelangen (RGRK. Anm. 3 Abs. 2 zu § 11 TestG.). Dabei können auch Niederschriften (RGZ. Bd. 63 S. 87) und

Gebärden verwendet werden. Unerläßlich ist jedoch, daß der Erblasser sprechen kann und sich durch Sprechen verständigt; seine Gebärden dürfen lediglich dazu dienen, das Sprechen zu einzelnen Dingen zu erübrigen, und nicht dazu führen, daß der Gebrauch der Sprache ganz unterbleibt. Unwesentlich ist auch, daß das Gespräch in Platt geführt wurde und der Erblasser nur noch lallen konnte. Der Berufungsrichter stellt fest, daß die Laute des Erblassers zwar ein undeutlicher Gebrauch der Sprache, aber noch ein Sprechen waren und daß sich der Erblasser auf diese Weise noch verständlich machen konnte und verständlich gemacht hat. Das ist eine tatsächliche Erwägung, die der Nachprüfung nur nach Maßgabe der revisionsrechtlichen Bestimmungen unterliegt. Der Revision ist zuzugeben, daß unverständliches Lallen keinen Gebrauch der Sprache darstellt und daß demjenigen, der nur noch unverständlich lallen kann, die Testamentserrichtung durch mündliche Erklärung verschlossen ist (OGHZ. Bd. 2 S. 49). Es kann aber nicht gesagt werden, daß der Berufungsrichter dies verkannt habe.

Das Berufungsgericht stellt weiter fest, daß der Bürgermeister und die zugezogenen Zeugen den Erblasser verstanden hätten. Daß es die Aussage des einen der beiden Testamentszeugen (Johann St.), er habe den Erblasser nicht verstanden, als nicht glaubhaft und widerlegt angesehen hat, fällt in das der Revision verschlossene Gebiet der tatsächlichen Beweiswürdigung. Es liegt kein logischer Fehler darin, daß das Berufungsurteil daraus, daß sich Johann St. verschiedentlich in die von K. mit dem Erblasser geführte Unterhaltung eingeschaltet hat, folgert, auch St. habe den Erblasser verstanden. Es kann nicht verlangt werden, daß ein Testamentszeuge dem oft schwierigen Hin und Her der Ermittlung des letzten Willens des Erblassers bis in alle Einzelheiten folgt; es genügt vielmehr, daß er die Verhandlung als Vorgang erfaßt und versteht, daß das, was niedergelegt wird, der Wille des Erblassers ist (RGZ. Bd. 63 S. 87; RGRK. Anm. 2 zu § 12 TestG.).

Wenn auch die Amtsperson die Verhandlung selbst zu führen hatte, so schloß dies doch keineswegs aus, daß sie sich des Testamentszeugen K. als Verständigungsgehilfen bediente, um den Erblasser in der auf Platt geführten Verhandlung besser verstehen zu können. Das Berufungsgericht stellt fest, daß der Bürgermeister durch das zwischen dem Erblasser und K. geführte Gespräch und die Reaktion des Erblassers auf Vorhalte, Hinweise und Fragen verstanden hat, was der Erblasser wollte; dagegen sei nicht festzustellen, daß der Bürgermeister die Verhandlungsführung aus der Hand gegeben und sie K. überlassen habe.

Das über die Testamentserrichtung aufgenommene Protokoll beweist (§ 415 ZPO.), daß der Erblasser die Niederschrift genehmigt und erklärt hat, daß er nicht (mehr) schreiben könne. Daß er sich hierbei anders als durch Worte verständlich gemacht hätte, ist nicht dargetan. § 2242 BGB. bestimmt außerdem nicht, daß der Erblasser das Protokoll nur durch ausdrückliche Erklärung genehmigen könne. Der Erblasser hat noch zu unterschreiben versucht, dies jedoch aufgegeben, nachdem er in großer Schrift die beiden Anfangsbuchstaben seines Vornamens geschrieben hatte. Bei einem tatsächlich mündlich erklärten Testament genügt das sowohl für die Genehmigung des Protokolls wie für die Erklärung, nicht schreiben zu können. Der unternommene Versuch, noch den Namen zu Papier zu bringen, ist als schlüssige Erklärung zu werten und im Gegensatz zu vielen Gebärden eindeutig. Daß etwas anderes als die fehlende Kraft den Erblasser veranlaßt haben könnte, seinen Namenszug unvollendet zu lassen, ist nicht behauptet und scheidet nach Lage der Dinge aus. (Wird weiter ausgeführt.)

Die Revision hätte nur dann Erfolg haben können, wenn ihre Angriffe gegen die tatsächlichen Feststellungen des Berufungsrichters, der Erblasser habe seinen letzten Willen erklärt und sei vom beurkundenden Bürgermeister und den hinzugezogenen Zeugen verstanden worden, durchgreifen würden. Dies ist jedoch nicht der Fall.

a) Es kann nicht gesagt werden, daß diese Feststellungen mit den niedergelegten Aussagen unvereinbar seien. Entgegen §§ 160 Abs. 2 Nr. 3, 161 ZPO. sind die Aussagen der Zeugen nicht in die Sitzungsniederschrift aufgenommen worden, obwohl die Vernehmung vor einer anderen Richterbank als der erkennenden erfolgte und das Urteil durch Rechtsmittel angefochten werden konnte. Auch die für den letzteren Fall durch §§ 286, 313 Abs. 1 Nr. 3 ZPO. gebotene Feststellung der Zeugenaussagen im Urteil (RGZ. Bd. 150 S. 330 [336]; Bd. 145 S. 390 [392]) ist unterblieben. Das Berufungsurteil hat sich entsprechend RG. DR. 1941 S. 1741 damit begnügt, auf eine den Parteien mitgeteilte und von ihnen der Verhandlung zugrunde gelegte Aufzeichnung des Berichterstatters Bezug zu nehmen. Da die Revision dies nicht gerügt hat, muß unerörtert bleiben, ob ein derartiges Verfahren zulässig ist. Es birgt die Gefahr der Unsorgfältigkeit und Unzulänglichkeit in sich; die Gefahr ist umso größer, je freier eine Aussage gewürdigt wird und je mehr man sich an der Grenze zwischen tatsächlicher Feststellung und rechtlicher Würdigung bewegt. Nach den hier bei den Akten befindlichen Vermerken des Berichterstatters über die Beweisaufnahme hat das Berufungsgericht von der ihm durch § 286 ZPO. gegebenen Befugnis, unter Berücksichtigung des gesamten Inhalts der Verhandlungen und des Ergebnisses der Beweisaufnahmen nach freier Überzeugung zu entscheiden, reichen Gebrauch gemacht. Daß es zu weit gegangen sei, ist jedoch nicht erkennbar. (Wird weiter ausgeführt.)

---

70. Einstellung der Zwangsvollstreckung nach § 719 Abs. 2 ZPO. kann nicht schon dann verlangt werden, wenn ein Schaden droht, den die Revisionsbeklagte bei Erfolg der Revision nach der Sonderregelung des § 717 Abs. III ZPO. rechtlich nicht zu ersetzen braucht.

ZPO. §§ 717 Abs. 3, 719 Abs. 2.

I. Zivilsenat. Beschl. v. 8. Mai 1950 i. S. Fa. J. (Antragsg.) w. Fa. H. (Antragst.). I ZS 137/49.

Aus den Gründen:

Durch Schiedsspruch vom 25. Januar 1949 ist die Antragsgegnerin verurteilt worden, an die Klägerin DMark 2870,83 nebst Zinsen zu zahlen. Dieser Schirdsspruch ist durch Urteil des Landgerichts für vollstreckbar erklärt und die Berufung der Antragsgegnerin durch für vorläufig vollstreckbar erklärtes Urteil zurückgewiesen worden. Die Antragsgegnerin hat Revision eingelegt und beantragt Einstellung der Zwangsvollstreckung aus dem Berufungsurteil (letzten Endes somit aus dem Schiedsspruch) mit der Begründung, die Antragstellerin habe den Inhaber der Antragsgegnerin nach fruchtlosem Vollstreckungsversuch zur Ableistung des Offenbarungseides laden lassen. Unterstützend macht sie geltend, daß sie zur Zeit nicht in der Lage sei, Zahlungen zu leisten, daß insbesondere die in ihren Büchern verzeichneten Forderungen in Wirklichkeit nicht ihr selbst zustünden, ferner, daß sie den von der Antragstellerin begehrten Betrag zu deren Gunsten auf einem zu diesem Zweck in entsprechender Höhe angelegten Separatkonto der Antragsgegnerin habe sperren lassen.

Es bedarf keiner besonderen Darlegung, daß es für ein kaufmännisches Unternehmen erhebliche Nachteile mit sich bringt, wenn sein Inhaber den Offenbarungseid leisten muß. Die Antragsgegnerin hat nichts dazu dargetan, ob die Antragstellerin in der Lage sein würde, den so in Verfolg der Vollstreckung drohenden Schaden zu ersetzen. Es kommt hierauf auch nicht an. Nach § 719 Abs. 2 ZPO. hat das Revisionsgericht, ohne Prüfung der Erfolgsaussichten der Revision, auf Antrag die Vollstreckung aus einem mit der Revision zulässig und frist- und formgerecht angegriffenen, für vorläufig vollstreckbar erklärten Urteil einstweilen einzustellen, wenn glaubhaft gemacht wird, daß die Vollstreckung einen nicht zu ersetzenden Nachteil bringen würde. Würde man diese Vorschrift ausschließlich nach ihrem Wortlaut auslegen, so wäre das Ergebnis, daß die Vollstreckung aus Berufungsurteilen durch das Revisionsgericht sehr häufig schon deswegen eingestellt werden müßte, weil für einen aus der Vollstreckung etwa entstehenden Schaden der Gegner nach der Sondervorschrift des § 717 Abs. 3 ZPO. rechtlich nicht aufzukommen braucht, vielmehr nur verpflichtet ist, das herauszugeben, was er durch die Vollstreckung erlangt hat. Eine solche Auffassung würde dem Sinne des Gesetzes zuwiderlaufen. Das Gesetz will nicht, daß die Vollstreckung aus Urteilen der Oberlandesgerichte leichter sollte eingestellt werden können als die aus erstinstanzlichen Urteilen, will vielmehr umgekehrt den Urteilen der Oberlandesgerichte als Vollstreckungstiteln einen höheren Wert beilegen, als er den erstinstanzlichen Urteilen zukommt. Aus diesem Grunde ist angeordnet, daß Urteile der Oberlandesgerichte in vermögensrechtlichen Streitigkeiten stets auch ohne Antrag für vorläufig vollstreckbar zu erklären sind (§ 708 Ziff. 7 ZPO.), und daß die vorläufige Vollstreckbarkeit nicht einmal auf Antrag von vorgängiger Sicherheitsleistung abhängig gemacht werden darf (§ 713 Abs. 1 Satz 2 ZPO.). Die schon erwähnte Vorschrift des § 717 Abs. 3 ZPO. endlich soll im gleichen Sinne dem obsiegenden Teil das Risiko der Ausnutzung der vorläufigen Vollstreckbarkeit erleichtern. Will man diesem deutlich erkennbaren Streben des Gesetzgebers nicht entgegenwirken, so darf der § 719 Abs. 2 ZPO., zumal er die Einstellung der Vollstreckung nicht von einer Sachprüfung abhängig macht, nur in einem gegenüber seinem Wortlaut beschränkteren Sinne verstanden werden. Als nicht zu ersetzender Nachteil darf grundsätzlich nur ein solcher anerkannt werden, dessen Erstattung bei Erfolg der Revision rechtlich zwar verlangt, tatsächlich aber — was glaubhaft zu machen ist — nicht erzielt werden könnte.

Soweit es sich um Vollstreckung wegen einer Geldforderung handelt, wird es somit in der Regel nur darauf ankommen können, ob der Erstattungsanspruch des § 717 Abs. 3 ZPO. gefährdet ist. Ausnahmsweise mag der Gläubiger durch die Vollstreckung noch mehr erlangen als die nach dem vorläufig vollstreckbaren Urteil zu erbringende Leistung, beispielsweise durch die eidliche Offenbarung des Vermögens des Schuldners wichtige Aufschlüsse über dessen Geschäftsverbindungen. Ob der Schuldner bei Erfolg seiner Revision auf Grund des § 717 Abs. 3 ZPO. oder anderer Vorschriften (vgl. aber Stein-Jonas-Pohle Anm. V 1 zu § 717 ZPO.) Erstattung auch dessen verlangen kann, was der Gläubiger sich so etwa zu Lasten des Schuldners an wirtschaftlichen Vorteilen verschafft hat, ist hier nicht zu entscheiden; denn in dieser Hinsicht ist nichts glaubhaft gemacht.

Endlich kann die Antragsgegnerin ihrem Einstellungsantrage auch nicht dadurch zum Erfolge verhelfen, daß sie ein Bankguthaben zugunsten der Antragstellerin hat sperren lassen. Die Antragstellerin braucht sich mangels eines dem § 713 Abs. 2 ZPO. entsprechenden Vorbehalts im Berufungsurteil nicht mit einer Sicherheitsleistung, geschweige denn mit einer entgegen § 108 ZPO. der Art nach vom Schuldner bestimmten Sicherheitsleistung zu begnügen. Vielmehr kann sie bis zu ihrer Befriedigung vollstrecken. Eine Abwägung der beiderseitigen Interessen und eine Berücksichtigung von Billigkeitsgesichtspunkten läßt § 719 Abs. 2 ZPO. nicht zu.

Wenn so die Revision dem Revisionskläger geringere Möglichkeiten bietet, sich gegen die Vollstreckung des angegriffenen Urteils zu wehren, als etwa die Berufung dem Berufungskläger, so ist das ein Rechtszustand, den der Gesetzgeber trotz der mit ihm verbundenen Härten bewußt geschaffen hat. Das Revisionsgericht soll hierdurch von solcher Arbeit entlastet werden, die nicht seinen eigentlichen Aufgaben: Wahrung der Rechtseinheit und Fortentwicklung des Rechts, dient, und insbesondere soll der in der Berufungsinstanz unterlegenen Partei ganz allgemein möglichst jeder Anreiz genommen werden, Revision nur zum Zwecke einer Hinauszögerung der Vollstreckung des Berufungsurteils einzulegen (vgl. zu dem gesamten Fragenbereich auch Erman Vollstreckbarkeit der Oberlandesgerichtsurteile in vermögensrechtlichen Streitigkeiten und Revision MDR. 1948 S. 133 f. mit Zitaten).

---

71. 1. Rechnen die Parteien eines Vertrages damit, daß dessen Durchführung möglicherweise nur unter Beachtung von Bewirtschaftungsbestimmungen zulässig ist, und sind sie darüber einverstanden, daß etwaige derartige Bestimmungen beachtet werden sollen, so ist der Vertrag nicht wegen Verstoßes gegen § 134 BGB. nichtig.

2. Zur Frage, wann die nur vorübergehende Unmöglichkeit der Leistung der endgültigen Unmöglichkeit gleichzustellen ist.

3. Hat das Berufungsgericht zu einer Leistung verurteilt, die zur Zeit seines Urteils nur unter Beachtung von Bewirtschaftungsbestimmungen (gegen Eisenscheine) erfolgen durfte, sind aber jene Bestimmungen nach Erlaß des Berufungsurteils aufgehoben, so kann die Revision nicht mehr auf deren Verletzung gestützt werden.

BGB. §§ 134, 275, 323; ZPO. § 549.

I. Zivilsenat. Urt. v. 25. Mai 1950 i. S. Motorenfabrik H. GmbH. (Bekl.) w. Fa. L. (Kl.). I ZS 58/49

I. Landgericht Bielefeld.
II. Oberlandesgericht Hamm.

Auf Anfrage der Klägerin übersandte die Beklagte ihr am 31. Oktober 1945 einen Kostenanschlag über eine liegende Zweizylindergasmaschine mit Generatorenanlage zum Preise von 17 450 RM und bat um umgehende Entscheidung über das Angebot, da sie die Maschine sonst anderweitig abgeben werde. Darauf erklärte die Klägerin durch Telegramm und Schreiben vom 2. November 1945 die Annahme des Angebots. Die Beklagte bestätigte den Verkauf mit Schreiben vom 15. November 1945 unter Hinweis auf ihre Lieferungsbedingungen und mit dem Zusatz, daß Zahlung zu erfolgen habe mit je einem Drittel des Preises bei der Bestellung, bei der Fertigstellung und bei der Lieferung. Durch Anordnung der Militärregierung vom 14. Dezember 1945 wurde das Werk der Beklagten geschlossen. Am 23. März 1946 erhielt die Beklagte dann ein auf Wiederherstellungsarbeiten beschränktes Permit. Die Parteien blieben bis in das Jahr 1948 in ständigem Schriftwechsel über die Möglichkeit der Ausführung des Auftrages. Die Klägerin überwies auch den gesamten Preis und hinterlegte nach Ablehnung der Überweisung durch die Beklagte am 21. April 1948 ein Drittel des Kaufpreises unter Verzicht auf Rücknahme. Geliefert hat die Beklagte die Maschine bisher nicht.

Die Klägerin hat Verurteilung der Beklagten zur Lieferung beantragt. Beide Vorinstanzen haben nach diesem Antrage erkannt, das Berufungsgericht jedoch mit der Maßgabe, daß die Lieferung Zug um Zug gegen Zahlung von 11 633,40 DM zu erfolgen habe. Mit der Revision erstrebt die Beklagte Entscheidung nach ihrem in der Schlußverhandlung II. Instanz gestellten Antrage auf Abweisung der Klage, hilfsweise Verurteilung nur Zug um Zug gegen Zahlung von 16 869 DM und Lieferung von 1 500 kg Eisenscheinen. Die Revision hatte keinen Erfolg.

Aus den Gründen:

I.

Das Berufungsurteil führt zu den in der Revisionsinstanz noch wesentlichen Fragen aus:

Der Vertrag sei schon mit dem Telegramm vom 2. November 1945 zustande gekommen. Bei pflichtmäßigem Verhalten sei es der Beklagten möglich gewesen, die Maschine noch vor Schließung ihres Betriebes durch die Militärregierung fertigzustellen und zu liefern. Der Lieferung würden damals noch keine Bewirtschaftungsvorschriften entgegengestanden haben. Somit habe nicht die Schließung des Betriebes und später das beschränkte Permit der Beklagten die Leistung unmöglich gemacht, vielmehr sei die Unmöglichkeit infolge der vertragswidrigen Hinauszögerung der Leistung durch die Beklagte eingetreten. Die Beklagte habe somit die Unmöglichkeit verschuldet und könne sich daher nicht darauf berufen, daß sie gemäß § 275 BGB. von der Leistung frei geworden sei. Eisenscheine könne die Beklagte von der Klägerin nicht verlangen, da sie in der Lage gewesen sei, das erforderliche Material, soweit sie es nicht schon vorrätig gehabt habe, zu beschaffen, noch bevor die diesbezüglichen Bewirtschaftungsbestimmungen in Kraft getreten seien.

II.

Die Klage richtet sich auf Erfüllung des zwischen den Parteien geschlossenen Vertrages. Sie ist, ohne daß es auf die weiteren im Berufungsurteil erörterten Fragen ankäme, begründet, weil aus einem gültigen Vertrage auf eine Leistung geklagt wird, die weder unmöglich geworden noch nach den jetzt geltenden Vorschriften von der Einhaltung von Bewirtschaftungsvorschriften abhängig ist.

1. Es kann dahingestellt bleiben, ob und in welcher Hinsicht etwa schon zur Zeit des Abschlusses des Vertrages zwischen den Parteien Bewirtschaftungsbestimmungen bestanden, die die Durchführung des Vertrages nur unter besonderen Voraussetzungen gestatteten. Durch solche Bestimmungen würde nämlich, wie der Senat schon mehrfach entschieden hat (vgl. OGHZ. Bd. 3 S. 55 [60 IV] und S. 275 [277 f.]), die Gültigkeit des Vertrages

nur berührt, wenn die Parteien den Vertrag in dem Sinne geschlossen hätten, daß er ohne Beachtung dieser Vorschriften und unter Verstoß gegen sie zur Durchführung kommen sollte. Das ist aber nicht der Fall. Vielmehr ergibt der Schriftwechsel der Parteien eindeutig deren übereinstimmenden Willen, den Vertrag in Beachtung etwaiger Bewirtschaftungsbestimmungen zur Durchführung zu bringen. In diesem Sinne erörtern die Parteien im Schriftwechsel und durch Rückfragen beim Wirtschaftsministerium die Frage, ob und in welcher Hinsicht besondere Bestimmungen zu beachten seien, und in diesem Sinne hat dann die Beklagte noch im Laufe des Rechtsstreits einen Antrag an das zuständige Bezirkswirtschaftsamt gerichtet, ihr die Durchführung des Vertrages zu gestatten. Entweder rechtfertigt dieses spätere Verhalten der Parteien den Schluß, daß sie schon bei Abschluß des Vertrages die entsprechende Willensrichtung hatten, oder es wäre zum mindesten anzunehmen, daß die Parteien nachträglich in schlüssiger Weise ihre Vereinbarungen in diesem Sinne wiederholt bezw. aufrecht erhalten hätten. Bei dieser übereinstimmenden Willensrichtung beider Parteien — ein etwaiger versteckter Gegenwille der Beklagten wäre unbeachtlich, § 116 BGB. — kommt demnach entgegen der Meinung der Revision nicht in Frage, daß der Vertrag wegen Verstoßes gegen Bewirtschaftungsvorschriften nichtig sei.

2. Entgegen der Ansicht des Berufungsrichters ist die Leistung der Beklagten nicht unmöglich geworden. Zwar wurde ihr Betrieb im Dezember 1945 durch die Militärregierung geschlossen. Der Schriftwechsel zeigt aber, daß beide Parteien davon ausgingen, daß es sich hier nur um eine vorläufige Maßnahme handele, eine Annahme, die sich dann auch bald darauf bestätigte . . . . Die Lockerung erfolgte dann zwar zunächst nur in einem Sinne, der der Beklagten die Erfüllung ihres mit der Klägerin geschlossenen Vertrages noch nicht gestattete. Sie durfte gemeinhin nur Reparaturarbeiten ausführen, während es sich hier um die Herstellung einer Maschine handelte. Aber auch gegenüber diesem nur beschränkten Permit sind beide Parteien, wie wiederum der Schriftwechsel ergibt, davon ausgegangen, daß weitere Lockerungen zu erzielen und zu erwarten seien, und auch inso-

fern hat die Entwicklung den Parteien recht gegeben. Von vornherein war es trotz der Beschränkung des Permits möglich, Einzelgenehmigungen zur Herstellung neuer Maschinen zu erwirken. Zuständig war zunächst die Militärregierung, dann aber vom 1. Januar 1947 ab die deutsche Wirtschaftsverwaltung. Auch diese Beschränkungen fanden für das Land Nordrhein-Westfalen durch den Erlaß des Wirtschaftsministers vom 17. Januar 1949 (MinBl. Nordrh.-Westf. S. 156) mit hier nicht in Betracht kommenden Ausnahmen ihr Ende. Mag also die Beklagte vorübergehend nicht befugt gewesen sein, den Vertrag zu erfüllen, so hat es sich doch nicht um eine endgültige Unmöglichkeit gehandelt. Zwar hat das Reichsgericht verschiedentlich auch einer nur vorübergehenden Unmöglichkeit die Bedeutung und die Wirkungen der endgültigen Unmöglichkeit beigemessen, wenn nämlich, gesehen vom Zeitpunkt bei Eintritt der vorübergehenden Unmöglichkeit aus, dem Vertragsgegner nicht zugemutet werden konnte abzuwarten, bis die Leistung wieder möglich werde (vgl. RGZ. Bd. 146 S. 60 [66], Warn. 1927 Nr. 48). In den vom Reichsgericht entschiedenen Fällen handelte es sich um Dauerrechtsverhältnisse. Bei solchen ist auch eine vorübergehende Leistungsunmöglichkeit sehr bald untragbar. Anders steht es jedoch bei dem hier zu beurteilenden Vertrage (vgl. auch RG. Warn. 1916 Nr. 212). Allenfalls hätte die Klägerin sich darauf berufen können, daß sie als Bestellerin der Maschine nicht abwarten könne, wann endlich der Beklagten die Erfüllung möglich sein werde. Die Beklagte als Unternehmerin dagegen hätte schon darlegen müssen, daß sie schlechterdings gezwungen gewesen sei, gerade die Materialien, die für die von der Klägerin bestellte Maschine vorgesehen waren, für die Erfüllung anderer genehmigter Aufträge zu verwenden, und daß sie nicht mit der Möglichkeit habe rechnen können, sich alsdann die Materialien überhaupt oder zu zumutbaren Bedingungen wiederzubeschaffen. Nur bei solcher Sachlage hätte die Beklagte sich u. U. darauf berufen können, daß ihr das Abwarten der Erfüllungsmöglichkeit nicht zuzumuten sei. Nun ergibt aber der Schriftwechsel, daß die Beklagte selbst nicht daran gedacht hat, sich dergestalt von der Lieferung zu befreien. Sie hat vielmehr immer nur auf die

Schwierigkeiten hingewiesen, die für sie aus den Bewirtschaftungsvorschriften, den Beschränkungen des Permits und ähnlichen Umständen zur Zeit begründet seien. Sie hat damit selbst zu erkennen gegeben, daß sie die Leistungshindernisse nicht als endgültige betrachtete und die Aufrechterhaltung des Vertrages nicht als unzumutbar ansah. Diese der Sachlage entsprechende eigene Einstellung der Beklagten schließt es aus, sie nunmehr mit dem Einwand zuzulassen, die vorübergehende Unmöglichkeit sei zu ihren Gunsten als eine endgültige zu werten.

An dieser Beurteilung ändert sich auch nichts durch die Tatsache, daß der vom Landgericht angeregte Antrag der Beklagten an das Bezirkswirtschaftsamt um Genehmigung der Erfüllung des Vertrages durch Bescheid des Wirtschaftsamts vom 31. Mai 1948 abgelehnt worden ist. Mit diesem Bescheid durfte sich die Beklagte umsoweniger abfinden, als die Klägerin ein Schreiben des Wirtschaftsministeriums vom 22. April 1948 vorgelegt hatte, wonach gegen die Genehmigung keine Bedenken beständen. Die Beklagte hat gleichwohl den Bescheid des Wirtschaftsamts unangefochten gelassen und kann sich schon dieserhalb nicht darauf berufen, der Bescheid habe ihr die Erfüllung unmöglich gemacht.

Zu Unrecht meint die Revision endlich, die Beklagte könne sich deswegen auf Unzumutbarkeit des Weiterbestandes ihrer Lieferungsverpflichtung berufen, weil die vorübergehende Lieferungsunmöglichkeit bewirkt habe, daß die Beklagte einen unter ganz anderen wirtschaftlichen und Währungs-Verhältnissen geschlossenen Vertrag erfüllen müsse, obwohl sie hierdurch wesentlich stärker belastet werde. Die Klägerin hat sich bereit erklärt, den restlichen Kaufpreis (zwei Drittel des Gesamtpreises) in Deutscher Mark zu bezahlen, hat demgemäß ihrerseits keine Revision gegen das Berufungsurteil eingelegt und hatte darüberhinaus der Beklagten den Reichsmarkpreis voll zur Verfügung gestellt . . . .

Entgegen der Annahme des Berufungsgerichts ist somit nicht anzuerkennen, daß die Leistung der Beklagten unmöglich oder unzumutbar geworden sei. Daher kommt es auch auf die Frage des etwaigen Verschuldens der Beklagten und im Zusammenhang damit auf die Frage nicht mehr an, wann genau der Vertrag zwischen den Parteien zustande gekommen und wie lange demgemäß der Zeitraum vom Vertragsschluß bis zur Schließung des Betriebes der Beklagten war. Der eingeklagte Erfüllungsanspruch ergibt sich unmittelbar aus dem Vertrage, ohne daß es auf die Fragen des Verzuges oder sonstigen Verschuldens ankäme.

3. Das Berufungsgericht hätte die Frage, ob die Leistung, zu welcher es die Beklagte verurteilt hat, nur unter Beachtung von Bewirtschaftungsvorschriften erbracht werden darf, nicht mit der Erwägung abtun dürfen, bei rechtzeitiger Erfüllung würde die Beklagte zu einer Zeit geleistet haben, in welcher Bewirtschaftungsbestimmungen noch nicht gegolten hätten. Abgesehen von der Frage, ob diese letztere Annahme zutrifft, hätte vielmehr das Berufungsgericht immer noch prüfen müssen, ob die Verurteilung nicht gegen ein im öffentlichen Interesse erlassenes zwingendes Verbot verstieß. In der Tat waren zur Zeit des Erlasses des Berufungsurteils die Vorschriften über die Bewirtschaftung von Eisen und Stahl noch nicht aufgehoben. Ob und wie sie sich gerade auf die hier begehrte Leistung ausgewirkt hätten, kann jedoch dahinstehen. Durch Anordnung vom 20. Dezember 1949 (E I/49, MinBl. des Bundesministeriums für Wirtschaft, 1. Jahrgang Teil I S. 33) sind nämlich mit Wirkung vom 1. Januar 1950 ab alle in Frage kommenden Beschränkungen aufgehoben (§ 5 Abs. 1 und 3 des Erlasses). Diese Änderung des Rechtszustandes ist, obgleich sie erst im Laufe der Revisionsinstanz eingetreten ist, zu beachten, weil andernfalls nur eine letzten Endes sinnlose Aufhebung des Berufungsurteils mit dem Erfolg eintreten würde, daß das Berufungsgericht auf Grund der erneuten Verhandlung unter Beachtung dieser neuen Vorschriften sein angefochtenes Urteil wiederholen müßte (vgl. Stein-Jonas-Schönke Anm. III A 1 a zu § 549 ZPO.).

Register

Die Zahlen bedeuten die Seiten

A. Sachregister

A

H

T

U

B. Gesetzesregister

1. Gesetzgebung der Besatzungsbehörden

(Die Fundstellenangabe bezieht sich, soweit nichts anderes angegeben ist, auf das Amtsblatt der Militärregierung)

2. Reichsrecht

a) Bürgerliches Gesetzbuch

b) Ehegesetz (Kontrollratsgesetz 16)

c) Handelsgesetzbuch

3. Recht der Bundesrepublik Deutschland

a) Vereinigtes Wirtschaftsgebiet

aa) Währungsgesetzgebung

bb) Sonstige Gesetzgebung

b) Bundesgesetzgebung

4. Recht der Britischen Besatzungszone

a) Landwirtschaftsrecht, soweit von der Besatzungsmacht erlassen

b) Gesetzgebung des Zentraljustizamts

c) Gesetzgebung des Zentralamts für Wirtschaft der Britischen Zone

5. Landesrecht

a) Preußen

b) Braunschweig

C. Zusammenstellung der Entscheidungen
nach der Zeitfolge

D. Zusammenstellung der Entscheidungen
nach Oberlandesgerichtsbezirken

Druck: W. Girardet, Wuppertal

MIX
Papier | Fördert gute Waldnutzung
FSC® C083411

Kolibri 360 GmbH
Ferdinand-Jühlke-Straße 7
99095 Erfurt, Deutschland
produktsicherheit@kolibri360.de